U0016489

The Wonder Switch

The Difference Between Limiting Your Life and Living Your Dream

奇蹟開關

改寫生命，掙脫束縛，讓想像力、創造力源源不絕

Harris III
哈利斯三世／著
蔡孟璇／譯

各界好評　007

推薦序　獻給你的「翻轉地圖」——創意專家　凱文・卡洛　011

序章　開啟奇蹟開關——心想事成的開端　015

・奇蹟開關　017

・奇想是智慧的開端　025

・不是所有祕密都應該保守　029

第一章　關上奇蹟開關——當奇想之光消逝　033

・純真的消逝　038

・把故事說出口　043

・擁抱赤子之心　049

第二章 探索舊故事——造訪過去，發現未來 053
・聖誕節的魔法 054
・希望的誕生 057
・瘋人衣、小刀片、世界上最有影響力的人 061
・表現自己 072
・相信就會看見 082

第三章 重新喚醒奇想——再次感受真實的魔法 087
・暗示的力量 097
・重新發現魔法 101

第四章 開啟新故事——改變你運用想像力的方式 113
・想像力的誤用 119
・理性與非理性恐懼 124
・所有問題都是「人的問題」 126
・演一齣更好的戲碼 133
・一個能改變一切的詞 137

第五章　養成奇想心態——你可以放膽射月　143

・允許自己平凡　150
・讓自己處於成長中　151
・欣賞過程本身　152
・大腦的可塑性　156
・練習視覺化　162
・練習覺察　164
・練習感謝　173

第六章　打造奇想樂園——環境會改變你的一生　177

・圍繞著你的故事　183
・遠在天邊，近在眼前　186
・找一面你能相信的鏡子　190
・明察環境　195
・新鮮空氣的療癒力量　196

第七章 採取奇想行動——從安於現況，到充滿好奇 199
・化奇想為行動 203
・好奇心孕育創造力 207
・假造的好奇心 210
・先感受「怎麼會」，再問「怎麼辦」 214
・登月等級的成就 222

第八章 寫一篇好故事——讓生命充滿魔法的五步驟 225
・第一步：覺醒 228
・第二步：追求 230
・第三步：校準 234
・第四步：問責 236
・第五步：實現 238
・步伐之間 239
・擁抱怪怪的自己 244
・獨角獸的魔法 247
・你就是奇蹟 251

各界好評

「奇蹟」是我們能夠告訴自己的故事，一個可以讓我們的人生（和世界）更美好的故事。這是一本討論關懷與領導能力的書，一本充滿力量、慷慨且令人難忘的書。

——賽斯．高汀，《重點不是創意》作者

魔術師不應該和人分享戲法的祕密的，看著哈利斯在世界各地創造奇蹟的十年後，他終於決定公開它。他是我遇過最聰明、最富創造力的人之一，幸運的是，在我和他之間，他更是慷慨的那一個。這本書不會讓你的撲克牌變強，或是獲得把東西變不見的能力，你將得到的是更有力量的東西——重獲奇想。如果你感覺自己的人生可以再多一點愛、喜悅、歸屬感和目的，我賭你一定會翻開這本書。

——喬恩．阿考夫，《完成》作者、紐約時報暢銷作家奇想看似虛幻，好像小時候我們都知道它，但是長大後，它卻被現實世界驅逐了。但在《奇蹟開關》裡，哈利斯三世是個難得的說故事奇才，他將幫助你重新發現源源不絕又唾手可得的奇想之流。這是一本令人豁然開朗的啟發之書，包裹在一份動人的回憶錄裡，是所有追尋奇想的人必讀之作。

——唐．哈恩，迪士尼傳奇製作人

《奇蹟開關》引人入勝，更會點燃想像力的火花。這是一本會啟發更多書的書，一份會啟發更多禮物的禮物，一個會啟發更多奇想的奇想。感謝哈利斯創造了這本書，而我更期待讀了這本書的無數讀者們接下來發揮的魔法。

——布萊德．蒙塔古，紐約時報暢銷作家、「小小總統」創辦人

哈利斯對生命有著極具感染力的能量，創造力就是那能量的來源。你無法不被這本書啟發，《奇蹟開關》以科學研究為依據，讓四十四歲的我，像四歲一樣在作夢。隨著時間流逝，我們太容易丟失我們的奇想，然而，重獲奇想，將為我們自己、與他人的關係、工作和家庭帶來正面的鼓舞。我賭你會拿起這本書，我

賭你無法再把它放下。

——坎迪斯．卡梅倫．布雷，演員、製作人、紐約時報暢銷作家

哈利斯為我們展現真實魔法幕後神聖的一瞥。天命使他滔滔寫下這一頁頁的文字，開啟我們的奇想視界，進而翻轉我們的人生。與這本書相遇，並被它改變吧！

——丹妮爾．斯特里克蘭德，作者、講者、倡議者、領導者

在《奇蹟開關》中，哈利斯將奇想、故事、敘事，以及他個人的轉變，交織成一部魔法般的童話。他帶領你進入人類共同體驗裡最根本的天性，再把鑰匙交給你。這把鑰匙將賦予你能力，你可以選擇自己要過怎樣的人生，寫下或改寫你的生命故事。逐漸地，你將藉由奇想創造出新的人生、新的世界。如果你正在尋找一副開啟人生的新鑰匙，這本書是獻給你的。

——吉莉安．非洛比，「Kite Parade 創新代理」創辦人與領導人

推薦序

獻給你的「翻轉地圖」

在全心全意投入一件事之前，你會猶豫，也還有機會退縮。所有草創（創造）的行動有一個基本的真理，忽視這個真理，便會殺死無數的點子和偉大的計畫：只有在你全心全意投入之後，上天才會眷顧，五湖四海才會相助。這個決定會衍生出環環相扣的助力，會集結所有無法預見的插曲、巧合、物質上的幫助等等意料之外的美夢成真。不論你能做什麼、夢想著要做什麼，就去做吧。大膽放肆，必有其智慧、力量與魔法。現在就去做吧。

——登山家威廉．哈奇森．穆雷

這本書中的「翻轉地圖」，不是什麼異想天開、無中生有的點子或假說，因為我自己的人生就是絕佳證明，證明作者哈利斯在這本書裡所說的概念不僅行得通，也經得起考驗。

以書中的話語來說，過去的我被困在充滿擔憂的「舊故事」裡。我的父母深陷成癮，疏忽三個幼子，最誇張的一次，我們三兄弟被陌生人從家裡「救」出來，把我們送到維吉尼亞州鮑靈格林的客運站，再送到兩百英里之外費城的祖父母家。當時我才六歲，哥哥八歲，最小的弟弟只有三歲。

沒多久之後，我的人生發生了一個引信般的轉捩點，我開始感受驚嘆並重返真理，之後，我得以修補破碎的敘事，並踏上全新的故事。

我的生活中沒有父母，所以我在各種地方學習生活經驗：老闆與勞工、醉漢與酒鬼、毒販和他們的客戶、健身教練、同儕和遊樂場裡的老屁股、商人、退伍軍人、學校老師、圖書館員、清潔人員、餐廳員工和同學的爸媽。我學著在當中尋找任何一絲洞察與智慧，以支持我超越困境。把想法變成現實成了我的專長，而「秀給你看」成了我的口頭禪。

我花了許多時間在社區的遊樂場、學校和圖書館，這些地方成了我的避難所。找到一種方法讓我可以超越環境，而不是讓環境來決定我的命運，是我長久以來的動力。

某天，在社區活動據點的普林斯頓遊樂場，在一個平凡卻關鍵的時刻，我收到了一個如花生果醬三明治般樸素的邀請。現在回過頭看，那是讓我從失能、困苦的生活，走向成功與此生追求與意義的關鍵時刻。奇蹟開關，開！

我親身體驗了打開奇蹟開關的威力，它帶來了創造性想像力，以及被希望釋放、由好奇驅使的奇想心態。請享受閱讀。加油，遊戲開始！

創意專家　凱文・卡洛

翻轉地圖

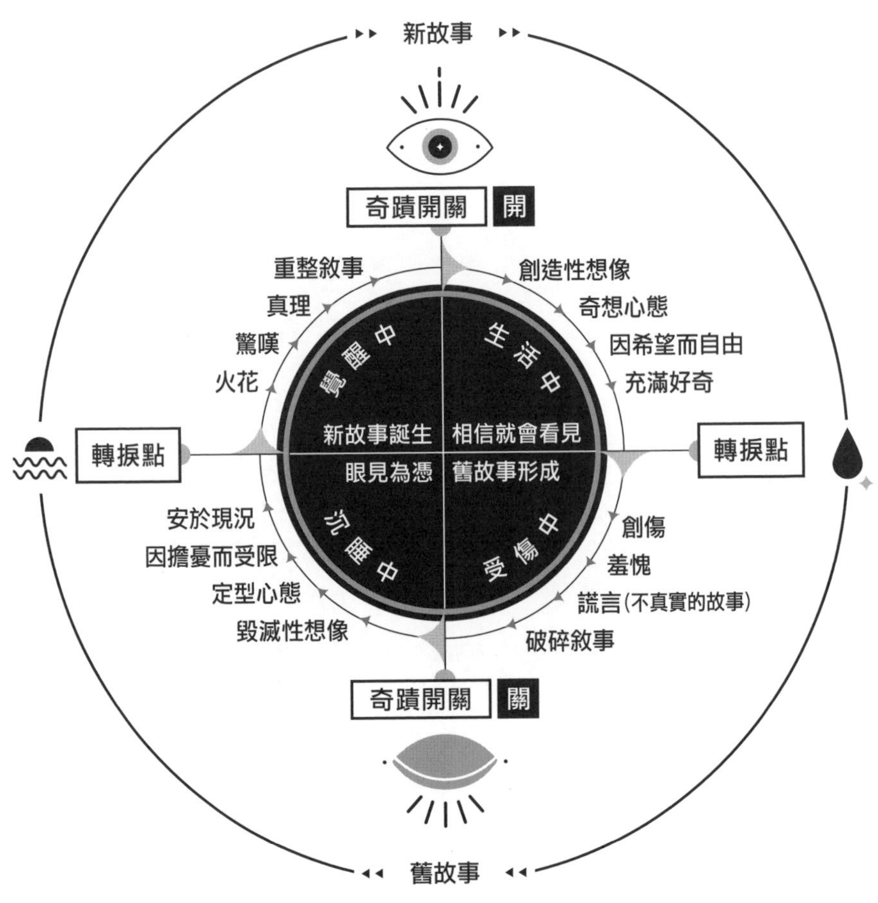

新故事
奇蹟開關
開
重整敘事
真理
驚嘆
火花
創造性想像
奇想心態
因希望而自由
充滿好奇
覺醒中
生活中
新故事誕生
相信就會看見
眼見為憑
舊故事形成
轉捩點
轉捩點
沉睡中
受傷中
安於現況
因擔憂而受限
定型心態
毀滅性想像
創傷
羞愧
謊言(不真實的故事)
破碎敘事
奇蹟開關
關
舊故事

序章

打開奇蹟開關

＋心想事成的開端＋

我開始表演魔術是在一九九〇年代，我還只是個孩子時。當時資訊時代已經來臨，但還沒到如今唾手可得的地步。那時候的我們比較習慣生活在未知當中，畢竟Siri和Google還沒能一秒回答生活中大大小小的問題。在這樣的氛圍中，我十分享受在舞臺上「故弄玄虛」，享受到我的重心幾乎都放在到世界各地表演魔術上。我曾受邀到四十餘國表演，累計有兩百多萬人次的觀眾，這還不包括電視和Youtube的觀看次數。

隨著這幾年的職涯發展，我不再只是當個魔術師，但我還是有在表演。不過比起從前，觀眾不再那麼願意被魔術戲法作弄。

每當夜幕低垂，表演即將開始之際，觀眾心情愉悅自得。然而，就在司儀開場介紹今晚的演出後，氣氛會出現轉變：所有人開始正襟危坐、全神貫注、雙手抱胸。並不僅是因為表演要開始了，而是準備要找出戲法的破綻，以免被愚弄，搞得好像這才是看魔術表演唯一的目的。等我一上臺，觀眾便瞪大眼睛看著我，心想：「好啊，看你這個魔術師能不能騙倒我。」他們不會放鬆靠著椅背，享受接下來的演出，也不再認為感受驚奇是生命最美麗的體驗之一，他們只想擊潰它。

對於其他的藝術形式，我們並不會抱持這樣的態度。在看一幅畫時，我們不會覺得當畫家也沒什麼，「不就是這樣畫嘛。」在聽你最喜歡的音樂家對著樂器施展魔法時，倘若你是音樂人，你也不會說：「雖然我沒辦法彈得和他一樣，不過我知道怎麼彈，我知道那些和弦。」便因此澆熄你所感受到的驚嘆與奇想。

知道一件事怎麼做，不代表這件事就不再美好或不值得去享受。美好的事物通常都帶有未知的成分，表示裡頭有更多的驚喜等著我們去挖掘。不過，人們總想刺探所有的祕密，許多魔術師表演時也像是在出題，帶著嘲弄的態度挑戰觀眾，「我敢賭，你一定不知道我怎麼辦到的。」不過，未知是如此美好，未知帶領我們走進奇想的世界，並告訴我們異想不到的故事。

奇蹟開關

想像你身在一個伸手不見五指的地方，你不知道自己在哪裡、周圍有什麼、後面有什麼，甚至眼前有什麼。讓想像力帶著你探索，或許你會發現一個人獨坐在黑暗中也滿不錯的，或許你會開始納悶這空間裡還有什麼，會是你最深層的恐懼嗎？還是你最深層的恐懼就是虛無與孤獨？現在你感覺自己是徹頭徹尾的一個人了。

現在想像牆上有一個開關。

知道這個開關是做什麼用的，會讓你感覺有點希望嗎？燈還沒開，你身處的黑暗還未被點亮。如果你可以找到開關，把燈打開呢？燈亮了，你就能夠看見，不必待在黑暗中了。

奇想就像是這個開關，開啟它，你便能獲得健康的好奇心，與夢想、創新、創造相通的好奇心。這個開關也控制著你如何運用想像力。它不是控制想像力的有無，因為當你獨坐在黑暗中時，想像力也正在運作著。奇想只是改變了你想像的結果。所有你想要的，以及你沒想到的，都在重啟這個「奇蹟開關」之後。

如果你的奇蹟開關一直關著，那會怎樣？會有什麼後果？那賭注太大了。一個人若少了奇想，他的人生將由厭世、壓力、擔憂、焦慮主宰，甚至有研究指出壽命會因此減短。也許上述事實還不足以撼動安於現狀或無動於衷的你，但我相信，不管你現在處在什麼樣的狀態，希望永遠都在。你都打開這本書讀到這裡了，就表示你心裡有個聲音在告訴你：「你值得更好的。」無論那個聲音多麼微弱。

事實上，對多數的人來說，在人生這趟旅程中，奇蹟開關會一直反覆開啟又關上。它在我們出生時是開著的，直到遊樂場上或家中某個討厭鬼把它關了起來，再被某個肯定你內在魔法的導師或貴人開啟，之後可能又被某個失去奇想的人再次熄滅。一輩子，奇蹟開關就這樣一直開開關關。

隨著時間流逝，開與關之間的間隔拉長，漸漸地，那些年少時的綺麗夢想便成了遙遠又模糊的記憶，直到我們的奇蹟開關像很久沒用的東西一樣，發霉、生鏽，最後我們就習慣了沒有奇想的生活。

我們因此安於現狀，更讓自己破碎的奇想去摧毀身邊人的奇想。

在本章中你將會發現，奇想影響了我們人生所有面向，一如沒有光照不進去的黑暗。

倘若你正困於職場問題，奇想將透過改變你和自己說的故事，以及你和同事說的故事，翻轉你的領導方式。奇想將使你以煥然一新的方式信任團隊夥伴，幫助你看見連他們自己都沒有意識到的內在魔法。

倘若你苦於親子衝突，奇想讓你能夠以孩子的眼光看世界，在你試著了解孩子身處的世界與故事時，擁有分量剛好的共感力與理解力。偉大的父母正如偉大的領導者，隨時在探索無限的可能，奇想將賦予你能力，幫助孩子活出真實且充實的人生。反之，缺乏奇想的父母，有可能會滅了孩子的奇想，更毀了他們孕育中的希望和夢想。

不論你自覺是不是領導者、事實上有沒有孩子、有沒有結婚，任何人內心深處都有一股渴望，渴望活出自己獨一無二的創造性人生。其實，你已經在創造，無論是朝好的還是壞的方向。而奇想是點亮這個過程的火炬，能為你的創造性追求注入新的活力。奇想會讓你開始好奇地探索，根據神經科學的研究，正是這樣的探索促成了創新思維。創造性會影響我們生活中的各個面向，這無須懷疑。當然，你可以在工作與生活中的方方面面運用創造性想像，奇想自然會發揮它的作用，舉凡生活中各種瑣事、個人或家庭的財務狀況，奇想甚至能幫你脫離債務困境，從而有能力回饋他人。

如果你對目前的工作和生活都很滿意，覺得還算成功，那太好了。事實上，「成功」不是只有一種定義——「成功」這個詞似乎總得用個引號框起來。說實在話，這本書不是一本幫助你成為創業家、發展事業、賺大錢的勵志雞湯，不過，奇想的確是達成這些目標的關鍵一環。如果發展事業是你的夢想，這本書將會盡其所能地幫助你。我希望這本書能喚醒你沉睡中的奇想，讓你成為一個更健康、更快樂、更好的人。與此同時，你也將成為一個更好的伴侶、鄰居和朋友。幫助你從惱人的惡夢中釋放，讓你再次接受愛、給予愛，並成為改變世界未來的一員。

或許這些聽起來都太浮誇了，現在正在閱讀這本書的你，可能感覺萬念俱灰，若是如此，這本書正是你需要的，奇想將為你點燃希望的火光。最新的神經生物學研究顯示，奇想和我們的生理狀態以及同理他人情緒的能力有關，這證明了奇想能增進你接受及給予愛的能力，並不是誇大其詞。

沒有了奇想，我們的好奇心會跟著死去，然後我們會屈服於壓力，將就地「成為一個負責任的大人」，苟且地活在壓力與焦慮之中，而不是充滿冒險精神，去探索生活中所遭遇的困難及其解決辦法。失敗讓我們覺得羞愧，所以我們孤立自己，作繭自縛，導致希望變得更加渺茫，最後便停滯於現狀。同時我們覺得自己不夠好、格格不入，所有願望都變得遙不可及。

這世界上有太多謊言，但奇想可以帶領我們走向真理。奇想是強而有力的改變催化劑，效果驚人，正如我朋友布萊德．蒙塔古所說：「奇想把你從平凡無奇的人生中拯救出來。」奇想是一種時刻，在你目睹超越自己的美麗事物，體認到自己絕對不只如此時，你心想：「這實在太不可思議了！」奇想不只是一個感覺，而是一種狀態，它讓你重獲赤子之心，相信真實的魔法。

當你讀完這本書，我希望你不只重新喚醒了奇想，更有能力持續灌溉它、維護它。奇想並非遠在天邊，而是存在於角落與縫隙，存在於人生旅途的悲歡離合之中，奇想將帶給你源源不絕的希望。

我可以理解，當你拿起這本書時，可能以為只要簡單三個步驟就可以開啟奇蹟開關。很遺憾，在這本書裡，我們將一起發現奇想並不是這樣運作的。不過我還是會提供一些步驟，讓你可以經常處於奇想狀態，並且養成「奇想心態」。

現在，讓我們來認識這個以奇想為核心的簡單架構。透過這個架構，我已經幫助無數人們改變他們的人生故事。要改變一個故事，翻轉是必要的。所謂「翻轉」發生在當一個人、甚至一個團隊從舊故事轉換到新故事時，也就是稍後我們將在這本書裡討論的概念。我們過去所相信的敘事，無論是不是真的，都會形成我們告訴自己的故事，控制著我們的行為和想法。我曾經遇過好多想要改變、卻一直無法做出改變的人，就是因為他們受困於舊故事中。

這個過程如下頁所示，我將它稱作「翻轉地圖」。

奇蹟開關就位在這個翻轉過程的中心位置。本書將聚焦於奇想在這個過程中所扮演的角色，同時我們也會深入了解故事的力量，因為故事和奇想是相輔相成的。

另外你得知道，在人生不同面向上，我們可能處於地圖上不同的位置。我指導過許多領導者，他們在事業上綻放奇想，卻在人際關係、情感生活或是婚姻上十分憤世嫉俗或安於現況。相反地，也有人善於擁抱親職的可能性，卻在工作上不抱期望。

人類是複雜的動物，善於用各種敘事來說故事。很多人已經發展出信仰敘事、政治敘事、財務敘事、關係敘事、健康敘事等等，以各式各樣的敘事來導航自己

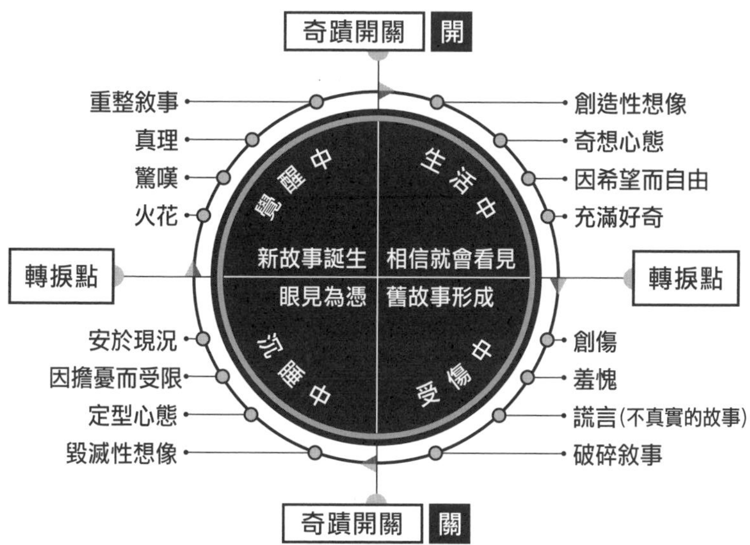
奇蹟開關
開
重整敘事
真理
驚嘆
火花
創造性想像
奇想心態
因希望而自由
充滿好奇
覺醒中
生活中
新故事誕生
相信就會看見
轉捩點
轉捩點
眼見為憑
舊故事形成
沉睡中
受傷中
安於現況
因擔憂而受限
定型心態
毀滅性想像
創傷
羞愧
謊言(不真實的故事)
破碎敘事
奇蹟開關
關

的人生。

改變我們告訴自己的不真實的故事，擁抱深刻的自我探索，當我們跳躍至新故事時，我們將發現真理、希望，感受我們深切渴望的愛與歸屬，過上更完整、更真實的人生。但少了奇想，我們便無法抵達那樣的狀態，因為奇想能讓我們在親眼看見之前，就相信一個魔法般的新故事是可能發生的。

翻轉地圖呈現圓形的結構，代表改變是永不停息的循環。常常就在我們感覺生活一切順利，滿足於當下的故事時，某個突發狀況讓我們變得盲目，做出違背自己真正意願的反應，甚至造成創傷，就有可能跌到循環的底層。但只要我們努力療癒，增長智慧，當各種可能催化負向改變的事件發生時，我們就能做出更好的因應，讓自己更常處於地圖的上半部。

在這本書中，我們會不斷回到這張翻轉地圖。現在，讓我們從往事開始聊起吧。是什麼樣的舊故事困住了你？你能清楚說出嗎？在邁向新故事的過程中，你正處於哪個階段呢？

也許那是一段令你羞愧的往事，或是某個你至今未能撫平的創傷。也許是某個矇騙你已久的謊言，製造出破碎的敘事與限制性的信念、擔憂或嘲諷，杜絕了你對任何一絲希望的想像。所以你安於現況，漸漸變得麻木無所謂，最後卡在得過且過的日子裡。如果這正是你的情況，準備改變吧。有時候只需要星星之火，就可以點燃奇想，帶領你回到充滿意想不到的可能性的奇想世界。

奇想是智慧的開端

在你的想像中，你期待著什麼樣的生命故事？說真的，如果任何願望都可以許，你會許什麼願？

你小時候和朋友聊過這件事嗎？以前在學校，我們總是不斷問彼此這個問題。或許是因為我成長於八〇年代，那時候《阿拉丁》才剛上映，也或許只是當時所有的小朋友都還在想自己究竟有什麼願望，並好奇別人的願望是什麼，免得有更好的願望自己卻沒想到。你才七歲，根本無從預測神燈精靈何時會出現，得隨時準備好自己的願望，對吧？

老實說，我壓根不記得童年的願望是什麼，除了那個「我還要更多願望」的願望，雖然每次說出來都會被說是犯規。如今長大成人，若可以許願，我會希望自己更有智慧。一直以來，我努力求教於人，祈求於天，卻感覺智慧永遠不足。

想想看，你想追求的是什麼？如果可以是任何東西的話，你想要什麼？你可能一下子想不到。

例如，很直截了當的答案可能是「發大財」，不過，錢是你真正想要的東西嗎？你希望錢能夠為你帶來什麼呢？你想要的是錢，還是財富自由，還是能夠讓世界更美好的資源？還是你只是依稀感覺，只要有錢，身邊就會有一群朋友圍繞，一舉解決你現在的孤單寂寞？

智慧能讓你剝除表象且屏除愚昧，引領你抵達真正的圓滿。智慧使我們恍然大悟，原來我們真正想要的並不總是表面上的那些東西。智慧幫助我們看見故事的背後總有其真意。

當智慧剝除表象，帶你抵達到更深層的認識時，你發現自己真正想要的是什麼呢？可能是一段更緊密的關係或婚姻？一份更有意義的工作？更幸福？生活中有更多的喜悅和目標？如果擁有智慧，是不是就能指出阻撓你心想事成的是什麼，並列出達成的步驟？我想是的。有沒有可能事實是這樣的：你得先擁有足夠的智慧，才能找到並抓住所有你追尋已久（不論你是否意識到）的魔法呢？

那麼，我們要如何獲得智慧？如何變得更有智慧呢？

蘇格拉底曾說：「智慧始於奇想。」

如果他說的沒錯，那麼智慧很有可能始於喚醒奇想。

會不會就是因為失去了奇想，才讓今天的世界如此缺乏智慧？這世界愚昧隨處可見，不用我多說，我想任何人都會得到一樣的結論。隨便在 Youtube 點幾下或是打開電視，或是去看看推特與任何社群媒體發文底下的留言，尤其是和政治有關的文章。或是你也可以和我一樣，照照鏡子就行。我希望自己是個聰明人，但事實卻是，我經常在做蠢事，像是尋求關注的小孩，負面關注也比沒有關注好。

這世界上有太多東西預謀似地要擊潰我們的奇想，要我們用自滿取代好奇。那些蓄意撲滅我們奇想的人事物都想要我們乖乖服從、有耳無嘴、安於現況，然後得過且過。因為當他們成功之後，我們便不會再喧鬧，更不會再製造混亂或試圖喚醒沉睡中的人。然而，偏離奇想，便是往擔憂靠近。

如果智慧始於奇想，那麼愚昧便是源於擔憂。我這輩子做過最後悔的幾件事，都是在我厭世或害怕的時候，做錯了決定所造成的。隨著年紀越大，我越發體認到，自己的憤世嫉俗只是因為想要裝作不害怕。當你一輩子都活在恐懼和後悔之中，自滿只會導致另一種後悔——留下一長串未竟的夢想清單。不管怎麼說，這都不是一條明智的路。

曾經我以為的大哉問是：「我們是從愚昧中努力長出智慧？還是我們生來就有智慧，是長大讓我們變得愚昧？」真相或許是：我們與生俱來的奇想是智慧的開端，當奇想被破壞了，智慧也隨之消逝。

你必須承認，人類處於資訊時代已有數十年，所擁有的知識是歷史之最，然而愚昧卻在我們的文化中逐漸壯大，這是多麼諷刺。只要上網搜尋，任何問題都能找到解答。心裡有什麼疑惑，一個放進口袋的小東西就可以用一段影片解釋給我們聽。但這卻讓我們的心被制約，讓我們不再珍視事物中的神祕與未知，這麼一來，奇想便無法舒展。畢竟，我們何必為一件可以簡單「理解」的事物感到驚喜？如果理解某事物的運作方式，會令人失去讚嘆它的能力，這世界便不再有任何驚喜。

資訊和智慧顯然是不對等的，資訊有限而智慧無垠。取得了資訊，不代表它能自動帶領我們迎向正面的改變。資訊時代只是帶領我們走進滿滿的確信，滿到遮蔽了我們的視線，更讓我們活在自以為明智的幻覺之中。作為一名專業魔術師，我每晚都在舞臺上看到這樣的張力。

不是所有祕密都應該保守

我太太三十歲生日時，我和我們一大群共同朋友聚在一起為她準備驚喜的生日派對。我們在納什維爾市中心租了一個很酷的古老建築，每個人打扮成二〇年代的復古風，還請來爵士鋼琴手和各種表演，營造出那個年代的地下酒吧氛圍。當她一進門來，所有人大喊：「Surprise！」就像是對她喊出：「凱特！我們愛妳！」

你能想像在準備驚喜的過程中要保守祕密有多困難嗎？有時候被蒙在鼓裡反而是美好的，因為這讓我們能夠感受驚喜，感受驚喜派對對我們說的：「恭喜！有人愛著你。」沒有祕密與未知，便沒有了奇想，沒有奇想，便沒有了智慧。而缺乏智慧，就無法發現那人人都能活出的魔法般的人生。

當我們擁抱生命中以及這世界上的種種神祕事物時，我們也學著應對未知中的張力。即便有些未知我們永遠不會知道答案，有些則注定會被解開，畢竟，不是所有祕密都應該保守。

當你被蒙在鼓裡，或者發現自己被騙了的時候，可能會覺得又糗又不悅，不過正是這樣的經驗可以觸發奇想，而智慧始於奇想。我希望你不只是試著打開奇蹟開關一下下，而是持續點亮它，這樣你才能活出超越你最瘋狂想像的人生。我也希望你能夠引導身邊的人，一起點亮奇想。不過，在維繫奇想持續發光之前，我們得先認出什麼樣的敘事會威脅並撲滅它。

為了了解我們對自己說的故事所造成的影響，我們得回到那個幻想的場景，那個怪物追不到我們、惡鬼嚇不倒我們，而我們手中的劍可以斬龍的世界。聽起來如何？

你說不可能嗎？或許是不可能。我們的確希望能常常回去那個世界，但就算回不去，我們還是可以想像它還存在，在想像的世界裡什麼都是可能的。我不知道你的情況如何，但那個怪物抓不到我的世界，在我童年就消失了，到長大成人之前，我的世界頻頻鬧鬼。

讀完這本書之後，你將重新喚醒自己的奇想，那個你小時候經常感受到、後來被世界奪走的純真奇想。不過，也不能完全怪罪「世界」，我們都是催眠自己那些偏頗故事的共犯，得負起責任並少指責別人。然而，儘管你對此負起責任，也不會改變奇想被奪走的事實，所以，我希望你能成功取回失去已久的奇想。

沒有魔杖能挽回過去，但我們仍能重新描繪未來，為未來添上超乎想像的明亮色彩。要繪出明亮色彩，必須先把燈打開。不過在那之前，讓我們在這個怪物蟄伏著要擊潰奇想、竊賊潛伏著要偷走魔法的黑暗中再稍坐一下。不入虎穴焉得虎子，讓我們一起向黑暗出發吧。

第一章
關上奇蹟開關
當奇想之光消逝

有個男人曾粉碎了我的奇想。不久前才過世的他，死於憤怒、難堪與孤寂。即便死亡證明書上的死因寫的是「自然死亡」，不過，許多人就在他苦澀不堪時離開人世。

我是他唯一的遺囑執行及繼承人，但我其實不知道為什麼。在他去世那天，我接到了一通告知他死訊的電話。當時我正與另外六位講者、作者、音樂人、樂手進行給青少年的校園巡迴講座。每場講座最後都有一段問答時間，所有的講者和表演者會一起上臺，回答參與的同學們提出的問題。

我還記得，當時我靠著走廊一側，聽著語音信箱裡的留言。

「哈利斯，我是吉姆，我們沒見過面，打電話給你，是因為你的一位朋友過世了，而我手上的遺囑寫明你是他的遺產執行人，還有一封寫著你對他來說多麼重要的信，說他視你如己出。」

我當下完全不知該如何反應，多年未觸碰的情緒湧上。在我還在消化這突如其來的消息時，巡迴經理跑來跟我說：

「哈利斯，差不多是問答時間了。」

「你有看到寇特尼嗎？」

寇特尼是這場活動的主持人，她會彙整觀眾們的提問，如果沒有指定要某位講者回答，她便把問題分配給某個人。這時她正在附近，手上握著一堆問題。

「嘿，你願意回答這個問題嗎？」

她遞給我一張紙條，上面寫著：「要如何才能有勇氣原諒曾經傷害我的人？」

當下我心跳加速、背脊發涼、手心冒汗，我現在才知道那其實是心理創傷尚未和解的徵兆。回憶閃現，我瞬間重返那個黑暗時刻。

「把褲子脫掉。」他說。

我很疑惑，不懂為什麼要脫褲子。

直到今天，只要閉上眼睛，回想那個在哥倫布市郊區的晚上，我就能憶起許多細節。我記得自己聽到他說的那些話，心跳加速，立刻移開視線張望房間裡的擺設，以免與他四目相接。

我也記得背景中閃爍著的八〇年代電視，空氣中飄散著廉價古龍水的過時香氣，混合著芳香劑，就像剛打掃完的昏暗汽車旅館房間的味道。我也能回想起暖氣在角落的嗡嗡聲，因為我記得很清楚，我為了確保窗簾是拉上的，盯著暖氣上方那印著綠色花紋的窗簾。那條鋪在床上又舊又噁的被子也印著同樣花色。

我更記得那個巨型黑色行李箱就放在床上，他旅行時總會帶著，裡頭裝滿了表演服裝與魔術道具。每個物件裝在他精心標示、量身打造的小盒子裡，我常納悶他是不是有強迫症，還是有囤積癖。我記得表演用的絲巾一團團疊在床上，旁邊還有一些道具盒是開著的。

儘管這一切看起來都很怪，但對當時的我來說，那就只是再正常不過的旅途中的夜晚。但那之後發生的事沒有一件稱得上正常。

那天我們參加一場有點地下性質的魔術師集會，那裡聚集了一群熱愛魔術這項技藝的人，活動由一個相當小眾的魔術師與表演者的兄弟會主辦。那個人叫比爾，大家都叫他「貝克牧師」，是我當時跟的魔術導師之一。

在認識比爾的一、兩年前，我才剛愛上魔術，並遇到麥克麥可先生，我的第一位導師。那年我才九歲，而他是業餘魔術師，經常在我家附近表演。認識他不久後，我開始覺得當魔術師好像是個不錯的選擇。對我來說，世界上任何東西都無法替代那些和他相處的時光與他教我的戲法。他是個親切、大方又值得欣賞的人，許多我到今天還在做的事都受到他的影響。他曾親口說，他會盡其所能地指導我。

也是因為麥克麥可先生的介紹，我加入了人生中第一個魔術組織，我才得以認識其他許多在講座中傳授技法的大師們，而比爾正是其中一位，他是最鼓勵我、最肯定我才華的那一位。每次見到他，都讓我覺得自己像個巨星。

我們的師徒關係持續了約莫一年多，直到我發現自己身在俄亥俄州那個昏暗的旅館房間裡。那天，結束了一天的講座後，我正興奮於可以回房間開始私人課程，還是我期待已久的把戲。

那是白鴿魔術，對，我知道，這故事越來越詭異了。我相信你一定看過這個讓鴿子憑空出現的經典把戲，魔術師會拉出一條彩色絲巾，然後蹦的一聲！絲巾變成一隻鴿子。

如你所想的，魔術師會把東西藏在各種地方，可能在窗簾後、暗門邊、祕密夾層間、手掌中、外套內，而這些地方通常就在你眼前。以這個我正要學的新把戲看來，魔術師顯然也會把東西藏在褲子裡。

「把褲子脫掉。」

「為什麼？」我馬上問。

「哎呀，外套和袖子裡能藏的東西就那麼多，很多人也會把暗袋藏在褲子裡。」

魔術師用暗袋來藏各式道具，並且會偷偷地移來移去，免得被觀眾看到。這也是為什麼魔術師總愛說：「看，我的袖子裡是不是什麼也沒有？」因為我們最愛把道具藏在袖子的暗袋裡，然後在對的時機把絲巾、花朵等等道具拉出來。那鴿子呢？藏在褲子裡？我不懂。

比爾是個易怒的人，上了年紀的他，脾氣暴躁還四處結怨，但我實在太想和他學魔術了，畢竟他年輕時是個厲害的魔術師，而且還有傳聞說他曾在某個世界上最成功的魔術師的職涯早期訓練過他。大紅大紫聽起來太誘人，當時我一心只想當下一個大衛・考柏菲。

經過一年多的訓練與指導，這莫名其妙的指令當然嚇到了我，而這卻開始了接下來三年對年幼的我來說相當混亂、不解的經驗，直到很後來我才知道那是猥褻兒童。

純真的消逝

在那之前，我一直生活在備受保護的環境中，在農村小鎮長大的我，以前接觸過最邪惡的事，大概就是某次小偷趁我們不在家時闖了空門。

也有一次，我在祖母開的蛋糕店裡，從一袋婚禮蛋糕的裝飾品中偷了一枚假戒指。當時我暗戀學校裡的一個女生，想說她會以為我買珠寶給她。我不記得那時我幾歲，但肯定還不到青少年時期，因為我只是希望她也喜歡我，我對她的想像僅止於此。我想也是因為那時候我還擁有想像力，也還未被性別化，畢竟一個成長於八〇年代的孩子，沒有電腦、手機，更不用說網路了。

幾年後，我卻在旅館房間裡，試著讓自己不要和現實世界脫節，那個我當時以為是真實的世界。

第一次的猥褻發生後，我躺在床上裝睡，努力理解這個世界和自己所處的位置，而剛剛施虐的人就躺在另一張床上看著HBO的深夜電影。

然後，我發現看電視上的女生脫掉衣服後的裸體，比自己在一個怪老頭面前脫掉衣服享受多了。

然後，我爸媽的朋友幫我們家裝了一部廉價電腦，那大概是電信公司美國線上會開始寄一些免費的CD並請我們試用一個叫網路的東西的年代，一個我們家遲到非常久的大派對。

然後，我發現在網路上我可以搜尋任何東西。

然後，我開始納悶是否能在電腦上找到那些在旅館看到的HBO深夜影片。

然後，我發現同年齡女孩的照片比起成人的照片還吸引我，因為我只想要同年齡的女孩喜歡我。

結果失敗了，因為我一搜尋，美國線上就顯示「再見」了。

請想像你要如何和你爸談起這件事。在他下班之前，我糾結了好幾個小時。

著。

「爸，美國線上把我們封鎖了，還取消了我們的帳戶。」我在腦中反覆演練

但整個下午我想破頭也編不出一個適當的理由告訴他。我實在想不到如何是好，只好直接自己打電話給美國線上。在我捏造出一個故事之前，他們要我提供能驗證我身分的資料。我不知道要說什麼，只好立刻掛掉電話。不久後，我在家裡的資料櫃裡挖出信用卡號碼、社會安全碼，以及任何再打過去一次可能會需要的資訊。我再播了一次美國線上的免費專線，等待專人接聽的過程有如天荒地老。

「謝謝您的來電，有什麼我能為您服務的嗎？」

「呃，我沒辦法登入帳戶。」

「先生方便提供您的資料嗎？」

我把我爸的全名、我們家的地址給她。我不覺得自己在說謊，畢竟我是三世，和我爸同名。

「方便提供您的社會安全碼嗎？以便確認您的身分。」

我唸給她聽。（現在我是在說謊了。）

「先生，照資料看來，公司終止您的帳戶，是因為您違反了我們關於兒少情

色內容的使用條例。」

「什麼？」

「是的，先生。看起來是您家裡有人搜尋了未滿十八歲少女的裸照。」

「但我今天下午根本就沒有用電腦。」我脫口而出。

「會不會是您的朋友或家人呢？」

「這不太可能。」

「很抱歉，哈利斯先生。這方面我們的規定非常嚴格，很遺憾，我無法幫您重啟帳戶，您的帳戶已被永久終止了，我們這裡有非常清楚的搜尋紀錄。」

「一定是我兒子，我敢說他一定不知道自己做了什麼，更不知道自己在做違法的事。」我盡力壓低聲音說，讓自己聽起來老一點。

「真的很抱歉，我幫不上忙。」

我掛上電話。

「死定了。」

那個下午，我花了很多時間想和我爸說明，幾乎是重複了我和美國線上客服的通話內容，我努力假裝自己完全不知道為什麼我們家的帳號被終止了，並想也許、只是也許，他不會再打電話過去問清楚。沒錯，我是真的蠢。

然而，儘管我和我爸因色情片而談到性的話題，我還是沒有告訴他受虐的事，只是坐在地板上，一臉緊張、手心冒汗、流著羞愧又困惑的淚水。那羞愧感我至今仍感覺得到，儘管當時我只是個孩子。

美國心理學會指出，「一個孩子遭到性虐待最明顯的徵兆，就是懷有不當的性知識、對性的興趣、對性的扮演。」還只是孩子的我們，試著透過遊戲與探索來理解自己發現的故事。

純真被謀殺後，隨之誘發的新的性知識，更刺激一個孩子對自己還沒準備好去探索的事物產生好奇與興趣。最後導致我色情片成癮，我以為我可以保守這個祕密，「至少我不是在酗酒、吸毒，或像學校裡其他人一樣到處跟人睡」以此合理化自己的行為。

這個透過和他人比較來合理化自己行為的能力，是不是十分令人讚嘆？畢竟要發現別人的缺點很容易，也能讓難堪的自己感覺好一點。相信謊言，終究比面對現實要來得容易，也難怪我們經常忽視奇想。當我們不再說謊，真相也就無法繼續藏匿在黑暗的角落。就在得知比爾死訊的那天，我打算說出真相。

把故事說出口

寇特尼遞給我的那張紙條，上面寫著這個問題：「要如何才能有勇氣原諒曾經傷害我的人？」

「哈利斯，你可以回答這個問題嗎？」寇特尼問我。

「噢，當然。」我擠出這個回答，完全不知道自己為什麼要答應，應該是因為還在驚嚇當中。

不久之後，我發現自己已經站在臺上，對著三千名青少年道出童年被猥褻的過往，可惜當時的我並沒有足夠的智慧去分享要如何原諒。但是當我站在臺上，手裡握著麥克風，說出某人曾經傷害自己的真相時，一件特別的事發生了：我原諒了他。

至少我當時是這麼說的，我也真的這麼認為。

憑心而論，我真的是盡力了。人們總說要「既往不咎」，但我怎麼可能忘得了？

從這件事我學到的是，原諒並不代表不去追究曾經對我造成傷害的行為，也不代表我必須否認那一湧而上的情緒，或宣誓要用遺忘抹滅過往。某種程度上，把這個故事說出口，只是完整自我這趟漫長旅程的第一步，我可以開始為自己的生命故事寫下新的篇章。

你大概很難相信，但就在那一天，我領悟到，原諒是我療癒與放下的第一步。原諒不是為了他，而是為了我自己的生命故事。原諒是去接受那個長久以來我努力要忘卻的事實，那個讓我痛苦、不由自主地壓抑與隱瞞的創傷。創傷一直都在那裡，在那裡等著被處理。

當活動結束，我走下臺時，幸好是一位我相當欣賞的人站在走廊上。馬克思．盧卡多用一個理解又溫暖的笑容迎接我，在我受到這陌生情緒的正面迎擊後，他是第一個給我安慰的人。

在後臺與他聊完天，我感覺當晚發生的事簡直是天注定。從下午到晚上發生的所有事，就是我當下最需要的。謊言和幻覺造成了嚴重的破壞，但那天晚上，真實的魔法發揮了作用。

你想想看，一個老魔術師以教小孩變魔術為手段，誘騙小孩某些事情其實沒什麼大不了，他會說事情不是「看起來那樣」。老魔術師對此三緘其口，並鼓勵小孩也這麼做，因為「別人不會懂」。

有時候，我們下了臺，在生活中創造的幻術才是最懾人的。

比爾死後兩個月，我感覺自己已經準備好了，便前往他在佛羅里達的家。他的遺物主要是幾箱書、一些私人物品、一個裝滿舊道具的行李箱——二十年前攤在哥倫布市旅館床上的那只。我實在無法用言語形容自己當下的感覺，尤其在我提起那個行李箱，放進後車廂的時候。

我和我太太開車回納什維爾的家後，我們坐下來，一起打開行李箱，完全沒有意識到深入比爾的人生會發現什麼祕密。我們在書籍的隱密夾層中發現其他男孩寫給他的信。那畫面好像電影裡才會發生，但那些隱密夾層和信件都是真的，信上的內容令我作嘔。

二十四小時內我便理出頭緒，並透過電話聯繫到幾位曾經和我一樣遭受猥褻的魔術師，他們之中有老有少，而他們的故事與細節和我的遭遇常十分相似。同在魔術產業的受害者比較容易透過魔術圈聯繫到，另外一些追蹤不到的受害者，後來得知他們是出現在童子軍相簿裡的數十名男孩們，或是他擔任教堂牧師時幫忙指導的孩童們。

經過更多的調查和訪談，我發現這個人曾多次被指控猥褻兒童而辭去教堂的職位，但證據總是不足。我越深入挖掘，便發現越多真相，而發現越多真相，卻讓我越生氣也越沮喪。那個數週前才在臺上公開說原諒的我，已從指縫間溜走。

怎麼會有人做出這種事？根據我童年的經驗，長久以來我都認為他是個有精神困擾的怪老頭。當然一切都很怪，他也很怪，但我們每個人不都有點怪嗎？然而，一個性侵兒童的人只是怪嗎？我花了好多年才釐清真相。

撥雲見日的真相，對我來說，就像是得知了魔術的祕密。當你在看魔術表演時，雖然心裡明白這是假的，但又想不透其中的祕密，你在黑暗中思索著真相是什麼，突然間，你看到了隱藏的細線，或是魔術師手法不夠靈巧而漏出了破綻，真相大白，你心想：「啊，原來如此。」

一切就在那一週真相大白。他不只是天真無邪的我以為的「怪」而已，他就是兒童性侵犯。但當時我還只是個孩子，還無法消化發生在自己身上的事，因此看不清完整的真相。我一直背負著那十年的往事，而那十年所形塑的價值觀也影響了我看清現實的能力。檢視他的私人物品，揭露了太多我預料之外的東西，就像揭示了某個我完全不想學的戲法的祕密。但和所有的真理一樣，這將引領我們走向自由，即便是透過奇怪的、預料之外的方式。

如果真相能解放我們，就表示是謊言束縛了我們。然而很不幸地，通常要在我們身陷騙局後，才有辦法改變視角，看清我們受誘騙而相信的謊言。當我能透過新的脈絡來看待當年受虐的經驗時，我才發現正是那些謊言促使我告訴自己許多並非真實的故事。

現在的我終於能夠看清，我在旅館房間脫下褲子的同時，也穿上了一件束縛著我的身體和現實的「瘋人衣」——我還受過專業的逃脫術訓練。一個個謊言就像瘋人衣上一條條的束帶，將我牢牢綁住，扭曲了我的自我認同，更改變了我看待自己的方式。謊言所織的網困住了我的人生，能解放我的真理則渺茫無望。我的奇想熄滅，迷失在黑暗中的我怎麼也抓不住希望。

還在跟比爾學魔術時，在他佛羅里達的家裡，許多個夜晚我忍住不出聲地哭到睡著，因為實在太迷惘了。而每晚獨自哭到睡著，並無法幫助一個健康、有自信的男孩，開始他那迫不及待要成為男人的旅程。

即便如此，我仍守口如瓶。因為我無法理解到底發生了什麼事，又不知道別人會怎麼看，所以更是害怕，「要是爸媽發現了怎麼辦？我會不會就沒辦法來這裡學各式各樣的魔術了。我一定會惹麻煩，而且我很肯定是我的錯，因為是我讓這件事發生的。也許他是對的，也許這根本沒什麼，而別人很可能會誤解成是別的狀況。」我滿腦只有這些想法。

根本是謊話連篇。

研究顯示，許多性侵受害者的心理創傷不只源於侵犯本身，更來自於他人的反應。科學與相關研究顯示，人在恐懼時會無法動彈，是因為此時中樞神經系統正試圖要整合性侵的經驗。我當時並不知道這些，卻是發自內心地害怕別人的反應。那時候我正步入青少年階段，為了要討好別人以維繫自己的形象，更迫使我三緘其口，正如我保守戲法的祕密，魔術師最擅長的就是保守祕密，誠然，有些祕密不應該保守。然而就像所有曾遭受性侵與其他創傷的孩子們一樣，我們沒有適當的語彙去描述發生了什麼事，在經歷創傷的同時，腦中負責語言的區域是無法運作的，在那個當下，我們說不出任何的想法、感受、字句。

這是我人生故事裡最大的諷刺，那個教我如何在臺上表演魔術的人，竟反過來欺騙我，偷走了我對魔術的信仰。

擁抱赤子之心

奇想是與生俱來的，只是後來被哄騙而沉睡。在我們被霸凌、受騙、受虐、被要求要「長大」、被罵或遭到成人不公平對待，甚至導師也會性侵我們時，童年的奇想便破滅了。

奇蹟開關：關。

聽我說，我是這麼想的：所有人在最一開始都是懂魔法的。我們心中天生就存有旋風、大火森林與流星，天生就能與鳥兒歌唱、能閱讀雲朵、能在一粒沙裡看見自己的命運。而後教育把魔法從我們的靈魂中趕走。魔法被教堂規範，被長輩處罰，最後因沖刷而流失殆盡。我們被推上循規蹈矩的路，被要求要負責任，舉止要符合年紀，看在上帝的份上得要長大。不過你知道為什麼我們會被這樣要求嗎？因為要求我們的人害怕瘋狂與青春，因為他們放任自己枯萎，而懂得魔法的我們讓他們羞愧且難過。

當你離魔法很遠很遠之後，就很難再重拾魔法。不過你還是會感受到一些魔法的片刻，這些片刻會使你再次體會並憶起魔法。人們會在漆黑的電影院裡落淚，是因為短暫地觸碰到了魔法的黃金泉源。然後當他們走回邏輯和理智的炙烈陽光下會再度被曬乾，留下莫名的失落感受。當一首歌勾起回憶，當你看著被光束照亮的懸浮塵埃看到出神，當你在夜晚時聽著遠方鐵道上的列車經過，並納悶著它要去哪裡時，這時你便超越了此時此刻的自己。因為就在那短暫的片刻裡，你身在魔法的領地。我是這麼相信的。

我非常喜歡這個段落，截自羅伯．麥肯曼的小說《奇風歲月》的開頭，因為我也是這麼相信的。不過，這本書卻理所當然地被歸類為「奇幻」小說。

你懷著對魔法的信仰來到這個世界，相信一切都有無限可能。是什麼撲滅了你的奇想？當奇想消逝，編織偉大夢想的能力也會隨之消逝。以至於周遭世界要我們做什麼我們就做，我們安於現況，過著本來能活出的真實人生的盜版。我們不追求非凡，像是送人類到宇宙探索般地探索自我。我們甚至不再抬頭看滿天星斗，只是低頭瞎忙。

但有沒有可能存在一個開關，打開它，就能幫你重獲童年的純真，喚醒它，就能改變你看世界的方式呢？一個會讓你相信無限的可能正等待著你的開關。

這個開關真的存在，現在更有神經科學為它背書。它就是奇蹟開關。任由奇蹟開關一直關著，會毀了我們的一生。倘若我們無法感受到生活周遭以及自我內在的魔法，是真的會對我們的身體與生活造成嚴重的損害。

損害始於被哄騙，用謊言替代真實之時，始於童年奇想消亡，純真也隨之消逝之時，始於教育把魔法從我們的靈魂中趕走之時。

不過講真的，這個魔法是什麼？它存在於技巧熟練的撲克牌把戲之間嗎？還是貌似生死一瞬的高超脫逃術之中呢？還是把一位女士切成一半後又奇蹟似地接回來，或讓她神祕的漂浮在空中之時？

這些都是人們聽到「魔法」這個字時腦中浮現的想法。人們稱我為魔術師，因為我在臺上表演了上述那些看似不可能的感官享受。然而，對我來說，那些都只是魔術，而非真正的魔法，魔術只不過是一些精巧的幻術。

魔法不能夠在臺上表演，因為魔法是當你體會到一種無法言喻的感覺時的反應。當你親眼看到不可能成為可能，心中堆疊的驚嘆會激發你的奇想，像個孩子一樣，那才是魔法。我們都注定要過上充滿魔法的人生，非凡就存在於平凡無奇之中，時常就在我們眼前。

在臺上，我只能表演幻術。如果魔法是真的，如果我們每天都能體驗魔法，會是什麼的感覺呢？我當然不是指變魔術這類把戲，我指的是真實的魔法：一個充滿愛、希望、喜悅、歸屬、忠誠、意義與目的的人生，那些超越視覺的體會。我發現很多人不相信這種人生會發生，但魔術也教了我一件事：很多時候，事情不只是表面上看起來的那樣。

有沒有可能，你本來注定要過上充滿魔法的人生，最後卻安於一個充滿幻覺的人生？仔細想想是不是。這個社會的方方面面都聯合起來要對付我們的奇想，而奇想的火光熄滅後，取而代之的便是謊言與厭世的態度，最後導致你過著盜版的人生。有沒有可能是這樣呢？

奇想是可以被喚醒的。開啟奇蹟開關，便開啟了改變一切的力量。它曾經改變了我看事情的觀點，然後改變了我的一生，相信它也能改變你的觀點和一生。讓我們來探索那些你告訴自己的不真實的故事，看我們能否也一併導正它，幫助你找回兒時夢想的人生，一個充滿魔法的人生。

第二章 探索舊故事

+ 造訪過去，發現未來 +

你第一次體驗到奇想是在什麼時候？我記得，我的第一次是在九歲的時候，不過我理應在那之前就體驗過至少幾百次，你大概也是。多數人記得的是奇想所激發出的人事物，那些我們自己創造的故事、我們在其中打敗的怪物，或是運用想像力打敗的壞人。

奇想是發自內心源源不絕的、讓你心想「也許還有其他可能」的感受。我記得我第一次的奇想體驗，發生在聖誕節的幾天之後。

聖誕節的魔法

我生長在田納西東南方一個叫伊凡斯維爾的小鎮，是個僅有一千多名居民的地方。我爸在當地的工廠工作，每天切著要鑲入家具裡的珍珠板，我媽則是個小型專科學校的清潔人員。當你的父母只領著幾乎是最低工資的薪水，要成為校園裡的風雲人物實在不容易。到了四年級時，我更是怎麼努力都無法融入同儕。

我們住在一個鳥不生蛋的地方，所以從來沒有小學同學來我家裡玩，不過我也不想要有人來，因為我當時覺得我房間裡的米老鼠壁紙很糗，是我幼稚園時選的。

也不是說我在學校裡完全沒朋友，我只是不覺得有被理解，也不覺得自己有融入大家。每當我試圖表現自己、定位自己時，常常因此被霸凌或取笑。屋漏偏逢連夜雨，那年，一個搬到我們小鎮的轉學生帶來的態度和行為，吞噬了我們這十幾個鄉村小孩的天真。

其實也不是只有我感覺人生無望，我們家是南方鄉村中產階級的底層，作夢不是我們文化的一部分，除了投注在樂透彩上的盼望以外。不過，很快地一切就要改變了，我就快要收到聖誕節的魔法，雖然我並沒有預期到它的到來。

九歲那年，我迷上了棒球，並不是因為我很會打棒球，我只是在我家旁邊的穀倉裡找到一個又破爛、大小又不合的舊手套。因此，我做了件全天下小孩都會做的事：跟家人要一個新手套當聖誕禮物。

那年聖誕節我一心想要新的棒球手套，每次去沃爾瑪超市，我都會去體育用品區試戴所有手套，挑一個最完美的，然後告訴全家每一個人我想要的就是那一個。聖誕節的早晨終於到來，大家拆禮物，結果沒有手套。我告訴自己只是還沒，還有希望，可能在祖父母家就會收到。

我爸本來住在密蘇里州的聖路易，空軍服役完後搬來這個小鎮讀專科，我媽正好在那個學校當清潔人員，他們相遇、結婚，一年後生下了我。我爸放棄了他的夢想，改在當地的沙發工廠工作，我想，當時他大概也是為了養家不得不這麼做。我的祖父母還住在聖路易，那年聖誕節過後，全家過去待了幾天。

到祖父母家時已經是半夜，還記得一抵達我就跳下車，衝進屋子裡，跑到聖誕樹底下檢查。找到了，一個寫著我名字的盒子，大小也符合我想要的手套的尺寸。我認定那就是手套了，所以聽到祖母說：「不行！明天早上才能拆！」我也欣然接受。

隔天早上，我津津有味地拆開那大小剛好的禮物，我大失所望。裡面裝不是棒球手套，更糟的是，那是一盒魔術把戲，我當下的反應是：「這東西好蠢。」然而意外的是，那年聖誕節收到的一大堆禮物我現在都不記得了，只記得這個我從來沒有要過的東西。但人生有時就是如此，沒得到想要的東西，卻反而得到了真正需要的東西。真實的魔法正在運作中。

幾天後，我才好奇，或者只是無聊了，終於打開那個裝著魔術把戲的小盒子，並學會了我人生中的第一個魔術，一個叫做「球與花瓶」的把戲，就是把一顆小紅球放到一個小花瓶裡，蓋上蓋子，就可以讓那顆球「消失」。

當時我只覺得：「這真的很遜，才不會有人上鉤。」為了證明自己是對的，我決定表演給我人生的第一組觀眾看。我走進客廳，爸媽正在看電視，我翻了個白眼，帶著九歲小朋友的刻薄語氣宣布：「爸、媽，過來看，這是祖母送我的聖誕禮物。」

我把球放到瓶子裡，蓋上蓋子，它就消失了，我再蓋一次蓋子，球又出現了。一個簡單的把戲，爸媽看完說了什麼呢？

他們什麼也沒說。

他們瞪大眼睛，下巴掉下來，最後說出那句我將在往後職業生涯中聽到無數次的話：

「哇！你是怎麼辦到的！」

「你剛說什麼？」我沒有預期到會有這樣的反應，所以也傻住了。

「你是怎麼辦到的？好厲害！」他們的眼裡燃著奇想的火光。

那次是我這輩子第一次有人因為我的表現而目瞪口呆地看著我。就在那一瞬間，魔術變酷了，我甚至覺得自己可以一輩子都表演這個。我迷上了魔術，奇想開始發揮它魔法般的力量。

奇蹟開關：開。

希望的誕生

當時的我尚未察覺，和爸媽一起感受到奇想，那份感染力，打開了我的奇蹟開關，並改變了我看世界的方式。

幾天後，我們打包行李，準備開車回田納西東南部郊區的家，不過，這次跟著我回家的不只是一些聖誕禮物，而是一個夢想。是奇想讓這個夢想誕生，而我天真地相信這個夢想是可以實現的。

當奇想被喚醒後，你會發現無處不是機會。我這個活跳跳的奇想，更孕育出一個全新故事與希望。

回田納西的路上，我一如往常地在爸媽的老速霸陸後座望著車窗外，以前我總是無聊到一邊用頭撞車窗一邊問：「到了沒啊？」或是透過各種白日夢來逃離那小鎮生活。然而這趟回程我感覺一切都不一樣了，以前每次都會經過的路途，看起來也不再是同樣的風景。

我不再幻想著要逃離什麼，因為我找到了一個值得追尋的夢想，奇想讓我相信夢想是會成真的。我彷彿可以看見自己在耀眼的舞臺上像明星一樣被掌聲淹沒，看見自己成為一個名利雙收並環遊世界的魔術師。

不久之後，我就練熟了祖母送的禮物盒裡的所有把戲。隔年，鎮上那間爸媽每週日都會拖我去的教堂，剛好有個魔術師要來表演給孩子們看。我求他教我一些「專業」的魔術，他答應了。這位魔術師就是前面提到過的大衛．麥克麥可，我超棒的第一位導師。

又再過不久之後，我開始在生日派對、家庭聚會、教會、養老院等等任何願意給我機會的地方表演。我的自信與自負也隨著演出場次同步成長。我也開始受邀到魔術界的聚會與大會上表演，參加國家級的比賽，贏得了一些獎項，引起了一些業界的注意，也成功把「獲獎無數」這個詞放到自己的履歷上。然後我認識了比爾，以為他就是那個會帶著我走向一舉成名之路的貴人。

但我始終沒有大紅大紫，至少在我的小鎮以外是沒有，不過，我倒曾一度覺得自己頗富有，也真的實現了環遊世界的夢想。我十四歲時為了要全程參與巡迴演出而休學，我將數年前的受虐經驗埋藏起來，繼續生活，我以為我已經看開了，我告訴自己是時候「長大」了，要懂得養活自己，我身邊的人也都是這麼說的。

我十六歲時，靠表演魔術，一年可以有六位數的收入。我到任何願意讓我表演的地方表演，從學校到教堂，從私人派對到加勒比海上的遊艇。十八歲時，我已經快集滿在全美五十五洲演出的紀錄，也開始到歐洲與亞洲表演。

全因為一份我沒有要過的禮物。

二十一歲時，我和我夢寐以求的女人凱特結婚。我們一起到世界各地演出，賺進了人生第一個一百萬，也圓了所謂的美國夢，我們搬離小鎮，在納什維爾的富裕郊區蓋了一棟大房子，車道上停了兩部好車，甚至像電影裡一樣在周圍築起白色籬笆。

我們用昂貴的皮製家具、大螢幕電視來塞滿這間房子，甚至還有一個可以走進去的大更衣間來放我那些太貴的牛仔褲。從旁人的眼光來看，我過著十分令人羨煞的生活。貌似是這樣沒錯，但那只是因為我還不是一個有足夠經驗的魔術師，還看不出事情有時候不只是表面上看起來的那樣。

就在接下來短短的十二個月裡，我體認到即便身為魔術師，一個應該是所謂欺騙藝術的「專家」，也可能在這一路上被奸巧的戲法作弄與矇騙。但在那個節骨眼，我也不能雙手一攤怪所有人都騙了我，因為其實是我騙了自己。

二十二歲時，我破產了。焦頭爛額的我，不停地設法解決那些因為自己的草率而造成的財務問題，常常熬夜工作，連晚餐也不吃。而心底日益壯大的羞愧感，也讓我疏於經營關係，婚姻開始出現問題，最後跌到谷底。這時我的奇蹟開關想必是關著的，甚至不知道它在那個晚上，在俄亥俄州旅館房間裡被比爾一手粉碎了之後，有沒有再開啟過。

我曾經聽人說，只要我們裝出該有的樣子，久而久之，就會真的變成那個樣子。身為魔術師，我更善於假裝，正如時下的文化，你只要懂得「演一下」，無論在臺上或臺下都會贏得不少肯定。

最後我才發現，我一點也不富有。的確，同輩都還在念大專時，我就賺到了一百萬，但你知道的，有些人就是窮到只剩下錢。而我還汲汲營營想出名，所以不只想要比旁人奢侈，還想把他們遠遠甩在後頭，導致我揮金如土，毫不手軟。

正如我們在序章裡就發現到的：不是所有我們和自己說的故事都是真的。

瘋人衣、小刀片、世界上最有影響力的人

在我賺到一百萬又揮霍掉之後沒多久，我和我太太賣掉了我們所有的東西，賣到覺得只剩下彼此了。我們搬到了城市的另一端，一個相對便宜且少去多餘裝飾的老城區。我繼續我的魔術表演，但卻對魔術師的職涯沒有太多明確的想法。只要有表演的邀約，我一概答應，才能繼續賺些快錢，以償還我那堆積如山的債務。

其中有一場在密西根某小鎮一所公立高中的表演，當數以百計的學生步入體育館，在看臺上找位子時，我記得自己倚著體育館的牆心想：「真希望我人不在這裡。」那天我只是要去宣傳當晚在同條街上劇場的正式演出，畢竟全美國不會有哪個專業的表演者會期待在這種連舞臺都沒有的高中體育館表演，當吵鬧的學生由上而下盯著你看，再配上破爛的音響設備，更伴隨著成排椅子發出的吱吱噪音。

就在表演準備要開始時，校長走了進來。

「你就是那個魔術師？」

「是的，先生。」

「所以你知道怎麼變把戲騙人，對吧？」

「你不就是因為這樣才找我來的？」我說，並眨了個眼。

「那你何不為這些孩子示範一下，讓他們認識到自己所做的選擇是如何受到矇騙的？」

當我還愣在那裡，他已經上前向觀眾介紹我出場。

當時的我不知所措，只能上前表演我原本準備好的魔術。過程中說了什麼我已經記不太清楚，只記得在表演的最後，進行「瘋人衣逃脫術」時，我一邊表演，一邊述說著我的人生經驗：「即便謊言可以困住你、纏著你不放，但真理會還你自由。」我還說了這樣一句話：「我不知道困住你們的瘋人衣是什麼，不過我想要你們知道，希望永遠都在。」

即便我已經不太記得那次表演，但我永遠不會忘記那之後發生的事，那是我這一生中最重要的頓悟引信，是我直到今天還在進行意義非凡的工作的催化劑。

表演一結束，所有學生便起身離開，唯獨一個女生，她繼續坐在位子上，熱淚盈眶地看著我，最後終於起身向我走來。我並不知道發生了什麼事，我之前從來沒有在演出後遇過這種情況。

她走過來並說：「我有東西要給你。」

「喔，好啊，是什麼？」

「把手伸出來。」

她把手伸進她的口袋裡，然後移到我手的上方，接著一個小刀片墜入我手中，她說：「這就是我的瘋人衣，但我不要了。從來沒有人像你一樣，讓我覺得一切還是有希望的。謝謝。」

此時一位老師來集合最後一批學生，「回教室上課囉。」

我自始至終不知道那女生的名字，但我永遠不會忘記當她轉身將手插回口袋時，我瞥見她連帽外套袖口底下的手腕上那累累的疤痕。

我腦中只有一個想法：「為什麼有人會這樣對待自己？」我無從得知她之前經歷了什麼樣的故事，但卻因此開始好奇究竟是什麼把一個人帶向傷害自己的境地。我越是想著那女生的事，就越無法自拔地想知道答案：究竟是什麼？

從此，我便展開了尋找答案的旅程。我一如往常地維持著那些娛樂工作，但不再為此感到興致勃勃。我已經看見其中的意義，舞臺上的魔術表演也可以讓觀眾體驗到真正的魔法，我想要的還更多。

那位校長鼓勵我透過表演讓學生們認識自己。而我唯一做的，只是秀一手來證明自己是個厲害的魔術師，也許他們會因此想要來看我當晚在劇場裡更厲害的表演。但校長似乎是在暗示著一個我自己都還沒預見的、充滿創造力的可能性，這點燃了我奇想的火花。

當我在探索人生更深一層的意義與動力時，我發現我們受廣告的影響極深，廣告在我們發展自我認同與形象的過程中扮演著關鍵的角色。尤其在這個我和那女孩共同生長的廣告時代，應該不難發現到一件事：廣告讓我們根深蒂固地認為，若自己少了某個牌子的衣服或少了某一款車，我們就不夠好。只有當別人看見我們穿著那件衣服、開著那輛車、和住在某區的人打交道，我們才是夠好的人。

許多研究顯示，人們平均一天要消化五千則訊息，有些數位行銷人員甚至一天得接收上萬則，這些訊息大部分都是廣告。而這個世界上百分之九十的資訊是在近這兩年內被製造出來的。反觀十九世紀的人類，一天會接受到多少資訊？我是不知道，但應該不會太多吧？生活在這樣一個媒體飽和的時代，我們平均一天所接收到的資訊，甚至比一百年前的人一輩子得消化的還要多。你可以想像一下。

這些故事告訴我們什麼呢？對我們的奇想又有什麼影響呢？

我們每天接收到的大量資訊中，其中一個最主要的敘事正是用各種說法影射「你還不夠好」，潛移默化地說我們還不夠瘦、不夠有錢、不夠酷、不夠有才華、不夠堅強、不夠漂亮、不夠帥，總之就是不夠，永遠都列不完。但等一下！廣告說，只要有了這個產品，你就會夠好了，你就值得被愛、被接納，並能有所歸屬。不過如果你不是長這樣、不和這種人混、不住在某個特定的區域或沒有這輛車？

那就只能祝你好運了。

諷刺的是，這個幾百億的廣告產業總是在營造一種「做自己」的氛圍，為的只是要接下一句潛臺詞：「但不是像你那樣。」難怪我們的奇想會奄奄一息，這就好像當這個世界問我們是什麼樣的人，正當我們要回答時又要我們閉嘴，並說：「你應該要這樣才對。」

由故事所引導的訊息又對我們特別有效，正如心理學作家強納森．哥德夏在他深具啟發性的著作《大腦會說故事》所說，人類是「生活在虛構的場景中」善於說故事的動物。我們不只說故事，還把周遭的事物都變成故事。我們的腦神經迴路也是為了故事而建造的。

說故事始於額葉，額葉是主導大腦所謂「高層級」功能的地方，負責如解決問題、擬計畫、做決定或發揮想像力等等工作，而額葉的運作便是建立在故事之上。直到現在，我們都還是用故事在思考，並用故事在認識這個世界。事實上，每天晚上我們上床睡覺，當身體在休息時，大腦會熬一整夜和自己說故事，篩選每天發生的大小事並歸檔到我們的敘事中。

如此一來便不難發現我們這一生中聽到的所有故事，無論是來自師長、父母，或是廣告行銷的內容，都形塑了我們和自己說的故事和敘事。為了理解發生在自己身上的奇怪經歷或詭異情境，故事是幫助我們生存的工具。

哥德夏表示，生存本能造就了這些我們告訴自己的故事，也促成了人類所有的行為。他寫道：「故事通常都圍繞在人類面臨的重大困境之上。故事以問題為核心的結構，顯示了故事的功能所在。人類的心智為了故事而建造，表示我們的心智也能經由故事而重構。」

小說家暨多倫多大學認知心理學名譽教授凱西・歐德里更表示，人們愛看小說，因為它是我們社交生活的飛行模擬器。我們害怕被拋棄，小說便教我們如何與人相處，免得被逐出所屬的生活圈。

請想像自己在開車時突然有人超車，如何讓自己不為此怒火中燒，甚至追上前去呢？科學家認為，正是腦袋裡說給自己聽的虛構故事在幫助我們維持理智，此時我們的潛意識會快速運轉，告訴我們接下來會發生什麼事。

接下來會發生什麼事？你腦中的故事告訴你：你可能會和那輛車一起掉進旁邊的水溝，讓自己和車上其他乘客受傷，或是被警察攔下來、逮補、關進看守所、讓全家蒙羞，或是撞壞自己的車並留下刮痕，讓所有看到的人都知道你曾經做了這個爛決定。透過這樣的虛構故事，讓你的大腦意識到它不喜歡這樣的後果，所以你決定嚥下這口氣，頂多謾罵一下就算了。

以上的推論可能聽起來很瘋狂，畢竟你根本不記得上次你腦海中出現這種劇情是什麼時候。這是因為這一切都發生在你的意識之外，故事則儲存在大腦中較原始、較本能的部分。

哥德夏用這段文字回應歐德里：

小說就像是飛行模擬器，能幫助我們累積經驗，又不會讓我們真的喪命。我們透過小說模擬面對危險人士或誘惑別人的伴侶會是怎麼樣的狀況，然後由故事裡的主角替我們赴死。由此可知，我們尋覓故事是因為我們享受故事。大自然把人類設計成享受故事，也是為了讓我們能從演練中學習。小說是一種古老的虛擬實境技術，專門模擬人類可能會遇到的問題。

也就是說，並不是我們選擇說故事給自己聽，而是我們必須這麼做才能存活。

在現代社會，存活關乎的不再是部落的安全，得小心別被被獅子吃掉，而是一個能提供歸屬感的社群，讓我們不因失職的父母、校園或職場霸凌者，或是網路酸民鋪天蓋的批評所傷害，一個能幫助我們平衡負能量的社群，協助我們順利「活過」那些陌生人對我們發出的一星評論。

當觸及生存本能的情境發生時，我們的大腦會立刻想辦法要解釋它：為什麼他會這麼做？他怎麼可以這樣說？他說的是真的嗎？我真的那麼爛嗎？我應該認輸嗎？如同庫魯雪夫效應，即便是隨機發生的事物，我們的大腦也會透過和自己說故事來解釋並尋找其中的脈絡與意義。

例如某天，我媽問我怎麼沒有好好照顧自己，並要我注意體重，這就形成了「我很胖」的謊言。這謊言讓我很難過，大腦便想辦法要理解這份痛苦。因為這並不在預料之中，我們會試圖找出其中的脈絡與意義，然後思考：「接下來會發生什麼事？」以作為未來行動的參考。於是，大腦就寫出了一部小說：「我很醜，我將一輩子單身，孤獨終老。」

但我們不想要孤獨終老，那些想賣你牛仔褲、車子、化妝品的人，便是利用了這個渴望歸屬感的深層需求。這機制被神經科學家稱之為「角色認同」，神經成影技術顯示，我們的大腦能同理、共感故事（或廣告）中的角色，甚至模仿他。

由此我們就不難發現，廣告行銷的手法正是把一個與我們生存無關的產品，連結到我們真正需要的歸屬感。正如行銷大師賽斯．高汀所說：「人們買的不是產品或服務，他們買的是關係、故事與魔法。」

在高汀的著作中有一段我很喜歡，他用鑽石戒指來舉例，他說：「當你走在紐約曼哈頓鑽石區的街上，光是從一個路口走到下個路口，大概就會有一打的人攔住你，問你有沒有要賣鑽石戒指。而幾條街之外的那間蒂芙尼是很樂意賣你一只七千美元的鑽石戒指。當你帶著那個全新戒指再走回鑽石區，能用一千美元成交就算運氣很不錯了。」

怎麼會有這樣的價差？高汀漂亮地道出：「你用那六千美元價差買的，就是故事。」那個藍綠色小方盒的故事。

在廣告裡，一部車不只是「可以把你從這裡運到那裡，裝了引擎的金屬箱子」，而是一個能改變別人怎麼看你，甚至你怎麼看自己的厲害配備。車商讓你買單的不是車，而是故事。

牛仔褲也不只是牛仔褲，鞋子不只是鞋子，化妝品不只是化妝品。要是它們真的就只是一種用品，多數廣告著重的應該是產品的品質和功能，而不是只給你看修圖修很大的模特兒美照，對吧？假如廣告把香水或古龍水敘述為一種「噴在身上會讓你比較好聞的香氛液體」，還能把香水賣得像現在這麼貴嗎？一瓶香氛酒精加水能值多少錢？和廣告裡那瓶能讓路過的女子停下來並回頭看我的古龍水比起來，肯定少很多。

如果我們不買那件牛仔褲、不化那種妝、沒有那樣的身形、不屬於那個圈子，會怎麼樣呢？這讓我們覺得痛苦。更令人難過的是，很多人還為了忘卻這些他人製造出來的痛苦而傷害自己。

當我們接受謊言，而不是真相時，便是妥協於另一個新的「現實」。但小說寫得再逼真仍不是現實。我們難以分辨真假，並不是因為我們愚昧，而是因為這些故事都是出自於那些大型廣告公司裡的專家們。最後，我們選擇了偽造的盜版人生，而不是充滿魔法的人生。因為我們的奇想已經毀損，使得我們相信這些騙術；或者是因為騙術相信久了，奇想便因此損毀，原因因人而異。若奇想是一個開關，對人類這種說故事的動物來說，故事便是開關的電源。

奇想最強大的力量，就是它能改變我們告訴自己的故事，還能改變那些會影響我們選擇和行動的敘事。

我想這大概也是為什麼賈伯斯會在一九九四年NeXT的茶水間裡，一邊吃貝果一邊說：「世界上最有影響力的人是說故事的人，懂得說故事的人將為下一個世代訂立願景、價值與議程。」也正是賈伯斯與他的蘋果公司團隊，創造了這些你正用來閱讀、聆聽這本書，或是拿來買這本書的工具，也是我現在用來寫這本書的工具。

賈伯斯深知故事的力量。而iPhone在市場上取得史無前例爆炸性的成功，並不只是因為它讓我們更容易取得我們想聽的故事，也不只是因為我們在那些故事中找到了自己的影子，iPhone之所以成功，是因為它賦予了我們工具去述說我們想說的故事。

表現自己

曾經的你做什麼都會被稱讚，還記得嗎？你成長的過程中應該有這一天，當你學會在馬桶尿尿，而不是尿在尿布上時，眾人掌聲鼓勵、稱讚表揚，只因為一些最基本的人類生活能力。

你比好還要更好，你本自俱足。

直到有一天掌聲沒了。

你比好還要更好。

直到你不好了。

你發現自己傷痕累累。

然後這謊言浮現：我不夠好。

這是我曾深信的謊言。不過，是誰寫下這個腳本然後交到我的手上呢？這輩子我碰上好多人，第一次是在學校遊樂場上霸凌我的人，他們撲滅了我的奇想。而在我第一次表演魔術時，我爸媽又幫我重新喚醒了奇想，更戳破那些謊言，讓我能擁抱生而為人的潛能。

然後則是那個性虐我的導師，試圖奪走敘事的主導權，奇想再次被粉碎，更讓謊言迴盪在我青少年時期。之後，謊言又被數以萬計的廣告加強，告訴我：「你可以夠好，但是只有當別人看到你開這種車、穿這種衣服、住這種房子、和某種人來往的時候，你才有歸屬。」

我花了很長一段時間才體認到，我買名車、買衣服，不是因為我自私。我二十一歲時蓋一棟房子，也不是因為我愛慕虛榮。我買這些東西的原因跟很多人都一樣，為了極盡所能地和這個世界證明我夠好，所以那些該有的我都要有。我想要我的家人朋友開車離開我那棟房子時說：「你看他現在過得不錯嘛。」他們會因為看到我身上的東西而接納我，如果他們願意接納我的話，也許我也會願意接納我自己。

我竟然將魔術師的工作當成我生活的方式。我步上舞臺、演出、接受喝采，但當我走下臺，我卻不想要讓表演結束，更不想要讓掌聲結束。每一輪在臺上臺下響起的掌聲，像是IG上的讚數或是朋友的稱讚，都認可了我是夠好的，或是說得更明白一點，都證明我盼望的故事成真了。

你可能不曾真的站在舞臺上，成為聚光燈的焦點，但許多人仍在「表演」，尤其現在人們口袋裡的手機能讓我們觸及到比一個劇場能容納的還要多的觀眾。科學家也發現，當我們看到社群媒體上的貼文得到更多讚時，大腦會分泌大量多巴胺，正如古柯鹼等毒品衝入腦門所產生的效果。

人類為什麼會想表現自己？是因為我們會拿自己和別人比較，並試著要達到某種標準嗎？正如作家喬恩・阿考夫所說的，我們總是拿別人最好的一面和私底下的自己比較。但為何我們要拿自己的生活點滴和別人比較？或就像我朋友馬克・皮姆斯勒有一次跟我聊到「羞愧」時，他說：「我們總拿別人的外在來和自己的內在比較。」

或許我們並不總是在和別人比較，而是拿自己以為的自己和心目中的理想生活比較。也就是說，看似是在和他人在比，但其實是我們是在和「理想中的自己」比較。那麼，這個理想中的自己是從何而來的呢？那是真正的你嗎？還是其實是源自於謊言與幻覺？

騙人不難，騙自己更是容易。魔術戲法騙得了人，也是因為一些普世性的原則。當我還是孩子時，我學的是如何用魔術戲法騙人，長大後，我才體認到說故事的力量，我更在意的反而是戲法騙得了人的原因。我發現，魔術師騙人的能力，和人們願意聽信魔術師的意願有直接的關係。當魔術師在誘導你怎麼理解所經歷的故事時，他其實並不需要說謊。也就是說，魔術師真正製造的，其實是讓你自己騙自己的情境。

我們能相信自己的感知嗎？眼見能為憑嗎？也許感知讓我們以為的真實，並不總是真的。也許是時候重新審視那些主導你的人生、控制你的選擇和行為的敘事了。你和自己說的故事，將會形塑你的人生故事。就是那些你告訴自己的偏頗敘事，關閉了你的奇想，還不停複誦這些謬論，讓你的奇想無法重新啟動。

是時候改變敘事了。

讀到這裡，我希望你已經開始了解到，現在能夠擊潰你奇想的事物，和幼時粉碎了你奇想的事物很可能是同樣的東西。多數心理學家相信，形塑我們現在的價值觀的事物，大部分在我們七歲時就已經存在了。

或許光是想像面對拒絕與失敗的場面就讓你手足無措，或許你也承認，喋喋不休的恐懼已經奪走了你主導的位置，或許因為曾經被某個信任的人重傷過，導致你現在對痛苦麻木不仁，或許你也不清楚為什麼奇想消失了，如今的生活就只是空洞，每天不斷重複著由壓力與失落主演的老套劇情。

讀到這裡，你可能在想：「我以為讀這本書會讓我感覺好一點，讓我得到一個充滿魔法與創造性的人生。但是到目前為止，這本書就只充斥著駭人的性虐故事，又一直說些我在自己騙自己的喪氣話。」

不過，朋友們，深刻的自我探索正是從這樣的地方開始。

的確，市面上不乏心靈成長的書籍，洋溢著自我肯定和自我追尋等內容，但從神經心理學的角度來看，光是懂得自我肯定是不夠的。這些書的確是提供了一些真實的、你有機會實現的生命故事，但這些書的勵志效果為何總是不持久？為何我們會從自我成長走向自我毀滅？通常是因為我們沒先做好檢視過去這項艱難的工作，而舊故事又和新吸收到的內容相衝突。這就像是在搖搖欲墜的舊地基上嘗試蓋新房子一樣，一開始可能看起來美輪美奐，但很快就會再次倒塌。

所有的故事都有一個引信般的轉捩點，一個改變結局的決定性時刻。轉捩點可能同時帶來正面或負面的改變，就像在我自己的故事中，那份聖誕節禮物，或是幾年後受虐的那一刻，它們都是促成改變的催化劑。轉捩點發生後，我們就再也回不去了。

轉捩點促成了我們人生故事的新篇章。在認識轉捩點這個概念後，讓我們再回頭來看序章介紹過的翻轉地圖。

需要特別注意到的是，舊故事和新故事的開始都有一個轉捩點，你會發現這個循環與上述我自己的故事是相符的。我和你一樣，來到這個世界上時，奇蹟開關是開著的，懷著奇想，對生命充滿了希望與好奇。

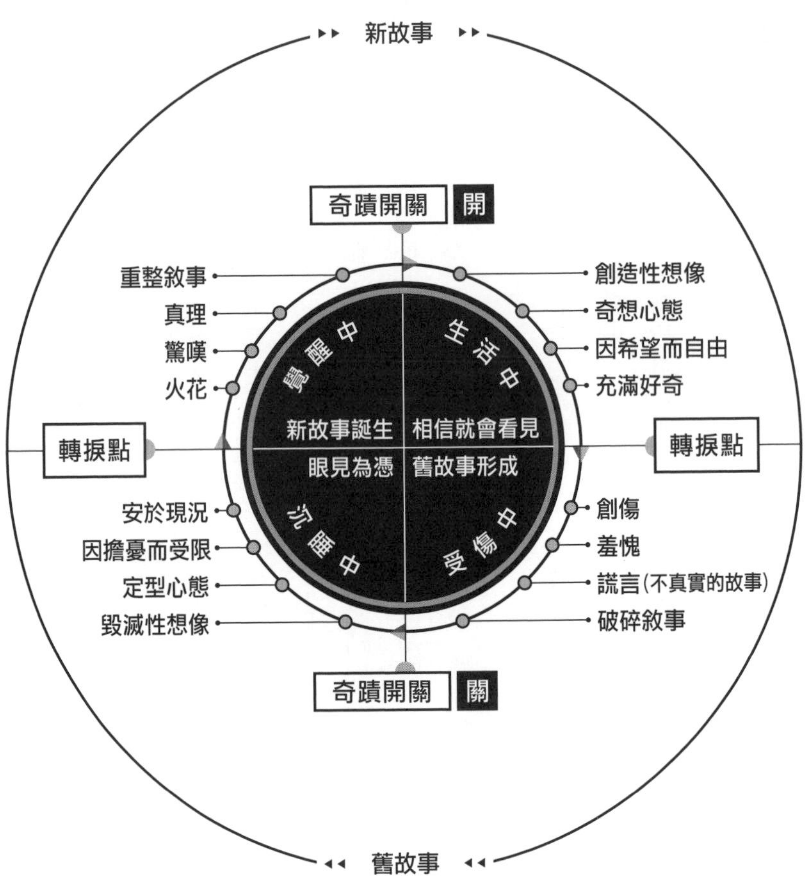
新故事
奇蹟開關
開
重整敘事
真理
驚嘆
火花
創造性想像
奇想心態
因希望而自由
充滿好奇
覺醒中
生活中
新故事誕生
相信就會看見
眼見為憑
舊故事形成
沉睡中
受傷中
轉捩點
轉捩點
安於現況
因擔憂而受限
定型心態
毀滅性想像
創傷
羞愧
謊言(不真實的故事)
破碎敘事
奇蹟開關
關
舊故事

是什麼改變了一切？我受到創傷的打擊，它利用謊言讓我到羞愧，羞愧又再使我捏造出並非真實的故事。我們把他人告訴我們的、自己經歷的，再加上自己告訴自己的一共三種故事，無論好壞都綜合在一起，便成了自以為真實的敘事。那套破碎的敘事也熄滅了我的奇想，讓我多年處於地圖左下方的狀態，深陷在一個倘若奇蹟開關開著，我絕對不會這麼寫的人生故事中。

幸虧帶給我們驚嘆的轉捩點不總是負面事件，而我運用奇想的潛能也還在，並沒有受開關關閉所影響。接觸到真實的魔法後，點燃的火花引領我感受驚嘆，驚嘆又揭開真理，真理重整了敘事，最終喚醒了奇想，讓我有機會再次在地圖的右上方過個幾年。然後你將發現好景不常，一切又再化成灰燼。

什麼樣的敘事你認為是真實的？我們需要重新審視它們是否奠基於真理之上。這是個困難的過程。不管你的人生經歷了多少潮起潮落，當你真的開始好好地探索自己、審視自己，並試圖開鑿一條由創傷中痊癒的道路時，這股力量將把你從往事的枷鎖中釋放，並永遠改變你的一生。

如果你不知道怎麼辨認與理解你人生中的轉捩點的話，這裡有幾個方法可以幫助你找到你人生故事裡的決定性時刻。請閱讀以下的描述，並選出激起你內心最大波動的那一個。這些描述可能看起來類似，但些微的差異，可能就是讓你心頭為之一震的關鍵。也許你可以停在這一頁，拿筆和筆記本，或是一張紙，花點時間抽絲剝繭自己的想法。

告訴我一個「在那一天之後，一切就變了」的故事。
告訴我一個「在那件事之後，就再也回不去了」的故事。
告訴我一個「那一次，我真的超想放棄」的故事。
告訴我一個「如果那段時間沒有發生，該有多好」的故事。
告訴我一個「在那一刻，時間彷彿停止了」的故事。

轉捩點的巨大影響力常超出我們的理解範圍之外。當你重新審視這些轉捩點時，請自問：「這個故事如何影響了我對自己的認識？這個認識是真的嗎？我有因為這些自己捏造出來的自我認知，而做了什麼事嗎？」

當我們認定一個敘事是真的，就算它是假的，我們也會設法尋找支持它的理由和證據。例如，如果你告訴自己「我是好爸媽」，你便會想辦法找出理由，並表現出你認為是好爸媽的樣子。同樣地，如果你告訴自己「我不是好爸媽」，你便會試著用「壞爸媽」作為篩選機制來詮釋曾經發生過的事，而大腦則會引導你做出符合該敘事的選擇。這個邏輯也可以用在任何思考過程中，如果你想要覺得「我很有創意」，你的大腦便會協助你證明這是真的。如果你告訴自己一個捏造的說法，像是「我很沒創意」，又會怎樣？沒錯，反之亦然。

顯然，並不是所有我們告訴自己的故事都是真的。下一步，就是回答這個簡短而深刻的問題：哪些你和自己說的故事其實不是真的？如果你想構築一個充滿奇想的人生，一個有機會重新想像一切可能的人生，你就必須先完成這項困難的工作，指認自己所採信的破碎敘事，那個建立在謊言之上，迫使你自我欺騙的敘事。任由破碎的敘事繼續讓你的奇想沉睡，奇想是不可能被喚醒的。

回憶謊言的開端不是什麼好玩的事，不過好消息是：真相和謊言都來自於故事，而你就是那個說書人，你可以重寫這個故事，你有能力撕毀別人交給你的劇本，自己來回答所有故事都急著要回答的問題：「接下來會發生什麼事？」也許你無法撕毀過去，但你可以用新的觀點重述這些故事。

那次我在高中體育館遇到那女生的經驗，讓我發現了一個如蜘蛛網般綿密的謊言網絡。這個發現也幫助我體認到一件事：如果謊言是來自於我們告訴自己的故事，那麼，我們也有能力告訴自己真相。

揭開那些並非真實的敘事，你才能夠在這個要你「忘記過去才能長大，不要再這麼幼稚」的世界重拾赤子之心，純真與幼稚可是大相徑庭。

你現在可能還很難相信自己所期待的未來有機會成真，因為你還看不見它。不過，眼見不一定為憑，大腦思考所憑藉的敘事，才是真正能決定你可以看見什麼的關鍵。

當你還是個孩子時，你看見了什麼？在這世界告訴你「該長大了，你應該成為什麼樣的人」之前，你是什麼樣的人？

相信就會看見

「眼見為憑，要親眼看見我才會相信。」如果我每次聽到這句話，就可以得到一塊錢的話，我應該已經是大富翁了。我最愛拿來嘲諷的其中一件事，就是我有多常在魔術表演後聽到這句話。

舞臺上，我表演著各式各樣不可思議的幻術。

例如，把一位女士切成一半，然後又接回來。

例如，讓東西漂浮在半空中，像被施了魔法一樣。

例如，把某人心裡的想法讀出來。

例如，把某人的私人物品變不見，然後讓它在奇怪的地方再次出現。

等等無數的例子。

以上這些狀況其實都不可能真的發生，我沒辦法真的讓物體漂浮，也不會讀心術，人類不能通靈，更沒有超能力。這些舞臺上的把戲可能看起來像魔法一樣，但它們就只是精巧的魔術罷了。為什麼我們會說魔術像魔法一樣呢？因為若表演沒有破綻的話，魔術看起來就像真的魔法一樣，不是嗎？

每當觀眾散場後，儘管他們不相信剛剛看到的表演是真的，還是會有以下的情節發生：「表演好看嗎？」有人問，觀眾這時會說，「非常好看。而且我有到臺上檢查，沒看到線、沒看到鐵絲、也沒看到磁鐵。但我親眼看見那張桌子浮起來了，真的是很不可思議。」

「親眼看見」，當然，觀眾的確是透過他們的雙眼看了，但那是真的嗎？眼見真的可以為憑嗎？

並不然，眼見不總能為憑，尤其我們生活在這個事情不總是如表面上看起來那樣的世界裡。

現在有不少由科學家和魔術師合作的研究，目的是要了解人類大腦是如何解釋感官接收到訊息，並形成對真實的理解。而每一次的研究都再次證實這個我們已經知道的事實：眼見不總能為憑。更有趣的是，這些研究反而顯示了「相信就會看見」，信念有辦法改變我們看見什麼。

這有助於我們理解那些我們告訴自己的偏頗故事，不過這也不是什麼新穎的想法。大部分的人在基礎心理學課中都學過「確認偏誤」這個概念，也就是相信什麼會決定我們看到什麼，即便我們相信的不見得是真的，我們還是會設法找到理由和證據來支持那些我們自己不斷告訴自己的故事。

但改變信念會讓我們的人生有什麼改變？若我們能揭穿謊言，相信真正的自己和潛能，我們有辦法看到之前看不到的東西嗎？真的有魔法環繞在我們身邊嗎？還是魔法一直在我們心中，它並沒有躲藏，而是遠在天邊近在眼前？只是現有的信念使我們盲目。

你有沒有過這樣的經驗，明明事實就擺在眼前，卻總是有人不相信？當周遭所有人都看透了，心想：「你怎麼就看不清呢？就在你眼前啊！」

兒童文學作家羅爾德．達爾曾寫道：「不相信魔法的人，就永遠不會遇到魔法。」懷著眼見才能為憑的心態，會讓你更容易受騙，那些謊言更會讓你總是抱著酸溜溜的態度表示：「要親眼看見我才會相信。」你便永遠不會遇見魔法。

「可是我要怎麼相信呢？」常有人問我。

這是個魔法般的問題，正如魔術師都有祕密，我的祕密就是奇想，奇想能讓你看見你現在還看不到的東西。

你注定要過上如魔法般的人生，而不是這個被自己和他人告訴你的故事所蒙蔽的贗品人生。一個多數人都不會相信的人生，只因為他們看不見它能成真。一個無數不願改變現況的人都想要實現與實踐的人生。

不過，你要選擇相信，或者更正確地說，讓你被喚醒的奇想來幫助你相信。你就會開始看見其實無處不在的魔法，連照個鏡子也會看見魔法。

第三章

重新喚醒奇想

再次感受真實的魔法

你聽過約翰・梅爾那首〈你的身體猶如仙境〉（Your body is a wonderland）嗎？這不只是句異想天開的情歌歌詞。我懷疑他寫這首歌的靈感是不是來自人體的生物化學，因為句話其實很科學，我們的身體真的是一個仙境。

現代科學的發現裡頭，我最愛的就是奇想與我們生理機能的關聯。奇想和身體的各個面向息息相關，並影響了我們整體的健康。

每次在活動及研討會上做簡報時，我經常要面對一個挑戰，我得在短時間內向觀眾介紹奇想這個概念。一開始得先面對大家普遍對奇想冷感的狀況，因為觀眾會假設奇想和日常生活沒有多大的關係，眼下的待辦事項才值得迫切的關注。

這樣的冷感我可以理解，但是當你開始了解奇想會影響你身體健康的科學證據，我想應該很難不豎起耳朵並想知道更多。光是公布這些研究就會自然而然地讓大家對奇想更有興趣一點，而我最常被問到的一個問題便是：「奇想是從哪裡來的？」

我想會問這個問題是很自然的，尤其是在見識到奇想所能帶來的功效之後。如果我們能夠知道奇想是哪來的，也許就可以到那個源頭撈一些走，或到那個神奇泉源裡泡泡腳後，再取一瓢帶回家或回辦公室裡備用。如果這個神奇泉源不是存在於某個地方，那大概就是我們可以在有需要的時候，隨時隨地製造出來。

總之，答案沒那麼簡單，但有些事情是我們可以做的。我們可以培養一個讓自己更頻繁地接觸黃金魔法泉源的生活，透過頻繁的接觸，恢復我們的感官、喚醒我們的感知，更從每一次的接觸，徹底感受奇想，以及它所為我們提供的一切。當我們越常浸潤在黃金魔法泉源中，感知能力也會更加敏銳，讓我們更容易再次看見並感受魔法。

奇想是一種如赤子般純真的狀態，讓我們更容易察覺到機會，使我們相信還看不見的可能性，而把我們從平凡無奇的人生中拯救出來。奇想的發生常常伴隨著驚嘆，奇想通常是正面的，但驚嘆卻不一定是正面或負面的，所以我們可以說驚嘆是通往奇想的必經之路。例如，驚嘆可能是某個負面事件所帶來的情緒性的反應，像驚嚇或是失望。驚嘆也可能是我們體驗到發生在別人身上、自己身上，以及生活周遭的真實魔法的反應，帶領我們回到奇想的狀態。所以說，驚嘆和奇想未必是類似的狀態，你可能感受驚嘆，但並沒有引發奇想，畢竟驚嘆是同時由驚嚇和讚嘆所構成。

你一定曾經有過被某人嚇得啞口無言而心想：「不敢相信這種話他竟然說得出口。」或「這種事他也做得出來。」或是其他你可能想得到的，令你心驚膽顫，卻沒有因此喚醒奇想的時刻。

同樣的道理，當我們目睹世界奇觀而嘆為觀止時，並不會因此引發翻天覆地的奇想經驗。或許我們可以用「是否具有獨特的翻轉能力」這個篩選依據來思考奇想這個概念。奇觀是我們觀察到的外在事件，而奇想是我們身歷其境，並且翻轉故事的經驗。翻轉並不總是發生在一夕之間，即使奇想的確有能力在剎那之間改變我們。奇想蘊含著某種難以言喻，並且會帶來翻轉的魔法。

例如，我在二十幾歲時去過好幾次迪士尼樂園，當時我的奇蹟開關是關著的，那幾年我的人生受謊言束縛，充斥著厭世與冷漠。這個「地表上最魔幻的地方」應該要能喚醒我的奇想，對吧？的確是很有可能，不過卻沒有發生，儘管我每次去都玩得很盡興。

有一個我每次去迪士尼樂園都會想辦法不要錯過的活動就是晚上的閉幕煙火秀。無論是在有倒影相應的艾波卡特舉行，還是在緬因街上，或是在魔法王國的辛蒂瑞拉城堡旁，閉幕煙火總是蔚為奇觀，每一次我都為迪士尼的精采表演而讚嘆不已，可以說是無人能出其右。不過即便我體驗了奇觀，卻沒有因此體會到奇想，所以差別是在哪裡呢？

三十多歲時，我又再次來到了迪士尼樂園，站在同一個魔法王國的城堡前，觀賞了和十年前一樣的煙火秀，但這次有個四歲的小男孩坐在我肩膀上，裘德為那魔法欣喜若狂，而已經是大人的我第一次從孩子的眼中看見了煙火所創造的奇蹟。那一次，我不再只是迪士尼故事的聽眾，我發現自己就身在故事之中，而這也改變了我對自己說的故事。

魔術和煙火都能創造出有如奇觀的表演，若這個表演能帶領觀眾體會到奇想，那麼就是讓魔法成真了，即便表演本身還是由一些煙霧和鏡子所組成。我不是說有的魔術師只會變魔術，有的會創造奇蹟，所有魔術都只是耍花招，只是表演而已。但一個能藉由說故事觸動人心，並且因此自問：「有沒有可能？」表演便成了一種體驗，一個魔幻般的體驗。

另一個和驚嘆有關的發現是，比起之前去迪士尼的經驗，和兒子一起去的那次讓我更有共鳴。我年輕時也不是自己一個人去的，但當時一起去的朋友，關係沒有像我和兒子那麼親密。最近一項研究顯示，也許正是因為如此，讓我後來去迪士尼的經驗更加難忘，並具有顛覆性。根據柏克萊大學的這項研究，當受試者處於正面的驚嘆狀態時，會降低他們的傲氣。奇想的體驗源自於一種類似「小我」的體會，體認到自己是大我中的一小部分的敬畏感，會讓人謙虛，並感覺自己與他人之間的連結更加緊密。

喚醒奇想的經驗，會讓我們縮小自己來宏觀全局，而不是放大自己。就像站在大峽谷上，我們退後一步，只為看見更大、更完整的景觀。喚醒奇想的驚嘆體驗，會幫助我們轉換焦點，從關注自我，到涵容周遭的人們及一切。

我們會有這樣的感覺，是由於大腦在我們處於正面驚嘆狀態時的生理變化。實驗顯示，驚嘆與交感神經系統活動的減弱有關，而交感神經系統便是身體調控無意識行為的中樞，例如當我們面對壓力時，它會決定你要正面迎戰，還是拔腿就跑。當你的奇想越甦醒，交感神經系統就越平靜，也就是說你的心就會越平靜。驚嘆讓我們的身體冷靜下來，而不是去設想自己應該要戰鬥還是逃跑，或是按兵不動。驚嘆使我們心平氣和，並讓我們把能量運用在其他的地方，像是關心他人。

奇想狀態無法被刻意製造出來。奇想是我們對既存魔法的反應，而有機會觸動驚嘆的引信（也就是魔法本身）在我們身邊到處都是。當我們感受驚嘆，能領會到多少驚嘆的餽贈，則在於奇蹟開關是否有打開。

科學家們正開始著手研究奇想的神經生物學，畢竟神經科學還是相對新興的領域。針對驚嘆及奇想的體驗和狀態的研究更是新鮮，我們對於這種狀態的理解仍在牙牙學語的階段，不過至少已開始了解。人類尋求連結、感受情緒、實踐想望的天性都與奇想有關，正如植物的向光性，人類細胞呼吸時也有其追求。

新近的研究顯示，人體最健康的狀態，是當你的身（包括大腦）與心（或是「靈魂」）不斷地感受到滿滿的驚奇、驚喜與驚嘆的時候。就好像我們的奇蹟開關本來就該開著，若開關關起來了，不只會影響我們所寫下的未來故事，還會影響我們的身體健康，就好像奇想是我們經常缺乏的營養素。

要說這整本書都是根據奇想的生物學意含所寫成的，也不算是誇大其詞，許多正在進行中的臨床實驗都顯示，大腦（而不是心智，不過顯然奇想對兩者都有影響）的活動與一個人是否處於奇想狀態有著緊密的關聯。

然而，研究人員發現身體與心靈之間的連結並不是什麼新鮮事，早在二〇〇二年，俄亥俄州立醫學院精神病學系就曾經發表研究指出，負面情緒會加劇許多生理健康危險因子的危害，其中包括許多由免疫系統退化，以及發炎所引發的疾病，像是心血管疾病、骨質疏鬆症、關節炎、第二型糖尿病、阿茲海默症，以及某些癌症等等，再再顯示了我們所感受到的情緒與生理上的病症息息相關。

研究人員最後以這段話總結：

> 負面情緒以及壓力事件會直接刺激影響以上這些症狀的促發炎細胞激素的產生。另外，負面情緒更會延長感染時間並延緩傷口癒合，由於促發炎細胞激素在過程中持續生成。因此我們認為這種與面臨困境有關的免疫系統失調，可能是這些由負面情緒引發的、廣泛且多樣的健康危害背後的關鍵機制。而緊密的人際關係等等能減少負面情緒的事物則能增進身體健康，部分是因為其對免疫及內分泌系統的調

控有正面影響所致。

如果壓力會對我們的健康造成如此傷害，那有沒有可能，奇想反而能夠促進身體健康呢？如果孤立的感覺會對身體造成如此負面的影響，那麼歸屬感與連結感會不會讓我們更健康呢？這也是加州柏克萊大學研究人員所發出的疑問，而他們的發現可能會嚇你一跳。

也許是為了延續先前其他顯示正向情緒與生理健康相關的研究，加州柏克萊大學的團隊提出了一項研究「驚嘆」的計畫，這研究也為他們帶來如獲至寶般的重大發現：奇想會影響我們的一生。奇想不僅會影響身體健康、同理他人的深度、寬容他人的廣度，還會影響我們對自我的認知。活在奇想狀態之中，我們不只是更健康的人，還是更好的人。

最近，在一場關於「我們和自己說的故事的威力」演講結束後，一位先生跑來找我，他非常興奮地和我分享他的一位朋友自願到醫院說故事給小朋友聽。那能創造多少改變？說不定故事能喚醒小朋友的奇想，他們對奇想的體會，或許也有助於身體復原。

請想想這個概念可以如何衍生。

情緒健康和我們身體健康息息相關，有沒有可能就是因為你讀了故事書給躺在病床上的小朋友聽，喚醒他們的奇想，讓他們有更高的機率成功戰勝病魔呢？

研究顯示，感受奇想能加深同理心，那麼，喚醒奇想，是不是有機會改變或至少影響我們與意見不同的人互動的方式？例如，現今社會的分裂，是不是肇因於奇想的喪失？奇想能夠改變我們與他人相處的方式，所以不只在美國，奇想在世界上其他地區，如中東所發生的衝突能發揮什麼作用呢？

崩壞的刑事司法體系有沒有可能也能因為人們有了更深層的同理心、願意做更客觀的考量而重振呢？另一項研究也指出，主觀的驚嘆是既愉悅又平和，能讓參與實驗的人將注意力從自己身上轉移到周遭，因而更有能力去接收環境中的訊息，並減少以既有知識來過濾資訊的傾向。也就是說，體驗奇想，會讓人更願意去認識不同的看法。

換句話說，奇想讓我們認識到新觀點，並願意重新考慮那些我們和自己說的故事的真實性。奇想有沒有可能解決現在人們普遍面臨的情緒健康問題？即便只是幫到一點小忙，但若忽視了奇想潛在的影響，是不是也有點傻？

我懂，以上都是一些大問題，但有沒有可能這些都是真的呢？

像是前面提到造成疾病的促發炎細胞激素，其分泌不僅受負面情緒誘發，同時也受正面的驚嘆經驗所影響。這也支持了奇想能減少體內慢性發炎的論點。醫學研究也指出，發炎反應是人體最重要的健康指標之一，可能折損我們最多六到八年的壽命。

情緒所造成的發炎，可能發生在奇蹟開關關閉的時候。當你把自己真正的心情藏在心底，就算芝麻綠豆的小事都會讓你動怒，這個隱藏情緒再大爆發的惡性循環，則會讓你一直生病。當你的奇蹟開關關閉時，情緒發炎也會導致你陷入物質成癮或藥物濫用，讓你離綻放生命越來越遠。

細胞激素對身體來說是一種必需品，它會幫助體內細胞移動到適當的部位去抵禦疾病或傷口。但如果負面情緒及壓力使體內的細胞激素長期處於高濃度的狀態，各式各樣的自體免疫疾病，甚至憂鬱症便會趁虛而入。

在加州柏克萊大學的另一項研究中，研究人員進行了兩個和正面情緒經驗有關的實驗。他們刮取受試者牙齦及臉頰的細胞，研究身體細胞與驚嘆、同理、滿足、驕傲等等正面情緒之間的關聯。研究結果顯示，尤其是感受了驚嘆、奇想、驚喜的細胞，含有最少量的促發炎反應細胞激素。就好像我們的身體是為了感受奇想而創造的。

但到底是先有雞還是先有蛋呢？在這個案例中，是感受正面驚嘆與奇想，降低了體內的發炎反應？還是沒有發炎的身體讓我們更容易喚醒奇想呢？試圖回答這個問題的研究團隊表示他們還沒有定論，但也許其他的證據可以給我們答案。

暗示的力量

人類的心智是一個強大的東西，而「安慰劑效應」更是它最佳的註解。

安慰劑效應是指，就算你服用的是不具實際效果的藥物，你的心也有辦法成功說服你的身體這個藥有效。這個效應通常表現在服用藥丸或是糖衣藥片這類情況下，但安慰劑效應也表現於多種不同的形式中，從針灸、順勢療法到醫院裡的治療環境。光是身處在一個有穿著白袍並掛著聽診器的醫生的環境之中，再加上一些其他能塑造出醫院劇情的元素，便能讓你的大腦和自己說一個關於治療的故事，因而提高治癒的機會。臨床上也證實了，躺在病床的病患如果親眼看見護士為自己注射藥物，藥物的療效也會比較高。

最新的研究也顯示，安慰劑效應對偏頭痛有百分之五十的效果。其他研究則顯示安慰劑效應的效果高達百分之七十。這也為製藥公司的臨床試驗訂立了新的標準，因為一個藥物的效果如果沒有比安慰劑的效果還好的話，就視為無效。這些製藥公司真的有得忙了。

安慰劑不只影響人們所感受到的疼痛程度，臨床上也證實了安慰劑對焦慮及憂鬱症個案也有深遠的療效。二〇〇八年的一項研究指出，在為期十二週的療程中，抗憂鬱的安慰劑是有療效的。另一項研究則顯示，在焦慮症的藥物治療中，安慰劑有更普遍的效果。

英國卡地夫大學生物科學院一項針對咳嗽藥物的研究也顯示出驚人的安慰劑效應，《今日醫學》表示：「百分之八十五的咳嗽治癒率和服用安慰劑有關，只有百分之十五和藥物真實的功效有關。」我們的心智實在非常強大。

關於安慰劑效應每天都有新的研究發現，從前面提到的自體免疫疾病，到針對勃起功能障礙所展現的效果，都不停地跌破醫療研究人員的眼鏡。也許安慰劑效應帶來最有價值的啟發是讓我們看見了信念的力量，我們的大腦能靠改變信念來實現願望，而不是先實現了才改變想法。

這個概念的確是難以置信，但因為很重要所以值得我再重複一次：我們的大腦是靠改變信念來治療自己、實現期望，而非反過來。我希望光是這個事實，就能使你更加確信一個人的人生應建立在真實的信念之上，而非謊言和幻覺。

並不只有安慰劑效應能夠透過改變對未來的預期，來讓現實符合期待，研究人員們也正在了解「反安慰劑效應」，也就是即使病患知道自己服用的是安慰劑，仍能感受到療效。這個效應也呼應了我們在上一章討論到的確認偏誤或幻覺騙術等現象，它們都像催眠一樣能暗示並說服大腦。

催眠這個號稱能控制心智的超能力已被揭穿，催眠師有辦法使人昏睡並操控他們的行為與動作，這件事其實並不存在。然而，世界各地都有報告指出，催眠治療能夠透過「暗示」來幫助人們戒菸、減肥、克服癱瘓性的恐懼症，甚至使不孕者受孕。

英國一位經常與不孕女性工作的催眠治療師就分享了他們禁得起驗證的成果。她用暗示來改變她們恐懼懷孕的信念，進而讓身體「允許」自己懷孕。那些障礙般的信念被移除，彷彿無形的心智控制了有形的生殖系統。她說：「你的每一個想法、說出的每一個字，都構成了藍圖的一部分，你的心便是根據這張藍圖在構築你的真實。」

我們其實比自己想像中的還要容易接受暗示。

表演了二十年幻術的經驗，讓我真切地體認到，暗示雖然容易使我們受騙，但也賦予了我們魔法般的力量來改變信念，進而改變現實。

亨利．福特有句名言：「不管你相信自己做不做得到一件事，你都說對了。」這樣的心態不僅讓他累積了近兩千億美元財富（依據通膨調整），可能也幫他戒掉了壞習慣、治好了咳嗽、增進心靈健康並活到八十三歲，比同樣出生在一八六〇年的人平均多了二十年的壽命。

雖然我一點也不認同福特的某些偏見，像是他反猶太的立場就是個天大錯誤。再次重申，信念不需要是真的，就足以讓你感覺它是真的，信念還會驅使你的行為。成就非凡的領導者，有些令人景仰，也有些令人髮指，他們性格不一，唯一共通點是他們都相信希望，而不是預想失敗會發生。

對很多人來說，特別是那些憤世嫉俗的人應該不屑聽亨利．福特這類名人所說的話，並覺得那些話都只是與他們的日常生活脫節且毫無用處的正向思考罷了。也許他能活到八十三歲只是因為他生病時會記得去看醫生，我也會，但同時我也相信魔法的力量。

市面上的確是氾濫著滿坑滿谷的勵志雞湯，不過很多都是沒有根據的。當然，糖衣藥片以及一劑幸福強心針，並不能治癒所有疾病，但像是順勢療法這樣的案例告訴了我們安慰劑的力量，而靈媒催眠的效果則證實了暗示的力量，以上都再再證明了「相信就會看見」比「眼見為憑」來得正確。

這不是自我感覺良好的謬論，而是令人感覺良好的科學。然而，儘管有再多的研究證實了這些道理，對很多人來說，要去相信那些仍有待觀察的事物還是很困難。如果你覺得這在說的就是你，我懂，畢竟我也不是某天早上醒來就突然再次相信魔法的存在。事實上，是魔法先找到了我，而不是我找到了魔法，有時候這才是魔法運作的方式。

重新發現魔法

我到了三十幾歲時才終於「回歸正途」，還清債務、接受治療，也開始花心思經營婚姻並四處旅行，同時也完成了一些前面提到的深刻的自我探索，但並不代表我已經處在奇想狀態。諷刺的是，當時我的工作已經帶我旅行遍及五大洲的三十多個國家，並遊覽過不少「世界奇觀」。

我曾站在大峽谷的懸崖邊、尼加拉瓜瀑布上，也走過中國長城，去過埃及金字塔幾次。

第一次看到金字塔時，我真的嘆為觀止，但當時我看它的方式和許多人看魔術的方式一樣，暗自想著：「好想知道這是怎麼辦到的。」而非沉浸在奇觀帶給我的驚嘆與奇想之中。金字塔對我來說只是一個等待我去解開的謎題，一個既吸引人又傷腦筋的謎題。當時我的奇想還尚未被喚醒，對世界的冷感，限制了我對奇觀的感受。我就是只是去過、看過這些世界奇觀，還以為自己已經體驗過世界上所有的魔法了。

或許更諷刺的是，讓我有機會造訪這些世界奇觀的，正是我引發別人奇想、感受驚嘆與驚奇的能力。那時的我並沒有意識到我正在做這樣的事，畢竟我從小就在研究魔術這門藝術，只懂得鑽研愚弄觀眾的技巧。如果和魔術師們一起進行巡迴演出，在後臺你只會聽到他們念念不忘地說：「我最後一個魔術超成功的！」

或是「觀眾完完全全被我騙倒了！」好像魔術最吸引人的是它捉弄人的能力，直到我寫這本書的當下，和魔術有關的最紅電視節目就叫作《潘與泰勒：愚弄我們》。

當你靠表演魔術維生，一份模糊幻術與現實之間界線的工作，有時候你很容易就會失去對真實的判準。畢竟要讓觀眾相信他們看到的表演是真的，最好的辦法就是也說服自己相信那些幻術。我當然知道那些戲法不是真的，但為了製造出奇蹟般的幻術，總不免會和現實脫節。

每天晚上，我在臺上演出，穿上瘋人衣跳進水槽、赤腳走過布滿玻璃碎片的步道，或是把一個點燃的火把塞進嘴裡將它熄滅，接著呼出來一口氣，再次點燃火把，然後朝天噴出火球，滿場驚嘆，蔚為奇觀，拜特技與把戲所賜，現實和幻覺的界線因此變得模糊。接著那個改變一切的夜晚降臨，我再次領悟到自己最厲害魔術就是欺騙自己。

那天我主持一場國慶日活動，正準備要表演噴火球的魔術，但當晚的我自得意滿，讓我變得有頭無腦，最後犯了一個超蠢的錯誤，搞砸了這個我表演過數百次的特技。

我先做了幾個將火把塞到嘴裡熄滅的特技，來鋪陳接著要噴出巨型火球的高潮，在事發前那一剎那我心裡想的是：「我要呼出地表上最最最大、最最最長的火球。」果然驕兵必敗，那個超大的火球在我面前形成後，火焰延燒到我的嘴唇，含在嘴裡的燃料順勢流到下巴，最後在我臉上燒了起來。

那火只燒了不到六秒，但我事先並沒有為這種緊急情況做足準備，幸虧那被我忽視已久的專業訓練在這種緊急時刻浮現腦海，我立刻冷靜地將身上的衣服往臉上蓋。最後以全臉與嘴巴二度灼傷告終，而我只覺得自己是世界第一等的白痴。出於面子而想要好好表現的壓力，更讓所有痛苦變得鮮明，不只是灼傷的痛，還有被同業嘲笑的苦。

記得當晚表演結束後，我到回家，走進客廳，躺在沙發上，看著我太太凱特說：「滿慘的，對吧？」這個問題很不老實，因為我清楚知道自己非常慘。當時凱特同情地回望我的眼神，到現在我都還記得，因為那眼神讓我理解到：沒錯，真的超慘。那天晚上我睡沙發，因為我只能正躺著睡，才不會翻身壓到傷口。那晚我徹夜難眠，感覺自己的臉好像還在燒，我一邊自問：「到底為什麼我會幹出這種事？」

在這場意外發生的幾年前，也有一次在表演胡迪尼著名的水中極限逃脫秀時，我得在水中掙脫身上的瘋人衣，我差點在需要四分鐘才能完成的表演中斷氣。又再幾年之前，在一個叫死亡釘床的表演中我差點失誤，當時我整個團隊在舞臺邊對我瘋狂尖叫，因為那重達五百磅的巨大金屬欄杆與刺針隨時都可能掉下來毀掉我一隻腳。

我的確曾經歷過許多千鈞一髮的時刻，但所有高頻率、高強度的行業都難免會有犯錯，然後僥倖脫險的時候。正如大家所說的，玩火的人總有一天會燒到自己，特別是當你自以為是，因而犯蠢沒有遵守那些你被教導要嚴格遵守的安全規定時。不過那次噴火球的意外發生後，有件事不一樣了：我想我準備好要退休了。

同時也有許多人想要我退休，在一個表演者的臉書社團裡，有一篇文章在討論那次意外，底下的留言充滿了各種攻擊以及訕笑，甚至有人留說：「真可惜他沒死。」後來有人告訴我，這個人會這麼說，是因為他不認同我的價值觀和表演方式。被同行嘲笑當然很難受，但他們有些話其實是對的，我犯了一個顯而易見的錯誤，明知故犯。除此之外呢？還好啦，畢竟我也不是第一次被霸凌了。

「哈利斯，你怎麼搞的？」很多朋友這樣問我。

在康復的那段日子裡，我也反覆問自己同樣的問題。

那時我遺忘了很多東西，我忘了二十一年前當我把那顆紅色小球放到瓶子裡讓它消失時，我父母眼中的驚嘆。我忘了那個曾經被他們喚醒、隨後又在遊樂場被霸凌後熄滅的奇想。我忘了我學魔術的初衷，失去了初衷，便連帶失去了繼續下去的意義。我失去了我的奇想，並失去了我對魔法的信念。

就在我決定要把魔術帽束之高閣，結束我的魔術師生涯時，我終於不再望著天花板或地板發呆了。那感覺就像是有個聚光燈從天上照下來，照在我家客廳並改變了一切。

在那九個月前，我太太剛生下了我們的第一個兒子，裘德。再怎麼鐵石心腸的人，看著一個孩子來到這世界上，都會為之卸下心防，而裘德也開始融化我的心。九個月以來，我抱著他、和他玩，而我們這一次的互動更是意義非凡。

我看著他天藍色的雙眼東張西望，在所有不足為奇的事物之中他都能看到魔法。因為受傷迫使我這個工作狂非自願地停止工作，卻反而讓我能夠學習觀看與聆聽，而不再是一直表現和說話。我看著我兒子，並開始學習放慢腳步、好好看著他，不過我還沒能透過他的眼睛去看世界。等我能這麼做時，我將看見全然不同的世界。

裘德隨時隨地都能看見魔法。我記得自己躺在沙發上看著裘德為最平凡無奇的事物而咯咯發笑的同時，也感覺到自己的嘴唇隨著微笑的延展產生撕裂般的痛楚。我也記得每當外頭有車經過，午後的豔陽透過窗戶在天花板上折射出的七彩稜光，都會被裘德致以驚嘆的眼神。我更記得每次他嘗試走路、跌倒、又再爬起來時，他眼裡的決心像是在說即便一跌再跌，一切都還是有希望的。

隨著裘德越長越大，我的臉也逐漸復原，我們會一起出去玩那些曾經被我視為理所當然的遊戲，像是吹散蒲公英的種子、在後院奔跑、在陰影下翻滾，或把螢火蟲抓起來放在罐子裡頭。記得每當我吹了泡泡，我就只是看到了些泡泡，但當望向裘德那看著泡泡的眼神時，我發現他在泡泡裡看見的是魔法。那些泡泡並不只是泡泡而已，對一個奇想大開的孩子來說，事物都不只是它們本身，而是魔法的現身。

我開始再次相信真實之中也有魔法，也才體認到人們稱我們為「魔術師」是多麼諷刺，因為我們淨做些奸巧的幻術。魔術師在臺上表演的花招根本全都是假的，而我們卻看不見近在眼前的真實魔法，只會翻個白眼、聳聳肩、酸溜溜地說那又沒什麼。

在我入世的想法損壞我兒子的奇想前，他輕輕撥開了我的奇蹟開關，喚醒了我的奇想，讓我再次看見魔法。重拾看見魔法的能力，也幫助我重新認識了我學魔術的初衷，眼前的道路也變得明朗。我再也不想要表演那些故弄玄虛的幻術了，我想要呈現的是能夠提醒人們什麼是真實魔法的戲法。

也許某件事你已經做了好久，久到都忘記自己一開始為什麼會愛上這件事。無論那是什麼樣的事情，那一刻的你捕捉到了魔法，而魔法也在向你招手。也許這件事並不是你的工作，而是一個嗜好，或是束之高閣已久的夢想，你因為失去了奇想，所以也一併失去了當時所感受到的魔法和意義。

如果你想尋找重啟奇蹟開關的線索，了解自己「為了什麼而活」這個奇想的源頭，可以幫你一把。在做一件事時，如果沒有理解這件事對你來說有什麼意義，以及自己為了什麼而做，奇想在這樣的環境下是會枯萎的。

「為了什麼而活」指的是那些你曾經在其中看見魔法，或是曾經幫助你了解到自己與生俱來的魔法的事物。那個你曾經目睹、體會、深受吸引的事物，那個讓你的想像力馳騁並帶領你成為魔法的一部分的事物。我的朋友布雷・蒙塔古稱之為「奇想事業」。

從事奇想事業的我們自然會成長、茁壯，它會帶領著我們走向多數人稱之為成功的東西，但是當成功使你變得只在乎這事時，便是你開始失去做這件事的意義的時候。失去了初衷，便會連帶失去了繼續做下去的意義。

當裘德在客廳地板上爬來爬去，見證魔法時，我卻始終看不見，部分原因是我還不相信有魔法。缺乏奇想，使我無法相信看不到的事物，而且不只我，很多人也都是這樣神智清醒地渾噩度日。

想要過著充滿魔法的創造性生活，就要從「覺醒」開始。打開奇蹟開關就是一種覺醒，它會為你帶來開放的心境，擁抱比你之前所看到的還要豐富的真實，放肆你對自己生命故事的想像。

真實的魔法就存在於我們生活周遭看似平凡無奇的事物之中，而且就在你眼前。魔法本來就存在，更無法刻意製造，也沒有一根魔杖能讓你操控它或招喚它出來。魔法就存在於你心中，也圍繞著你。我們要做的只是讓自己能夠看見它並感受它，不過，要能充分感受到魔法有兩個條件。

第一個條件是相信，你得先相信魔法，你才看得見它。而且切記，奇想正是那個能讓你相信的關鍵。

第二個條件是敞開心胸，你才能充分感受到魔法想給予你和告訴你的東西。或許不只是敞開心胸，更要主動覺察它，因為魔法的體驗常常是超越既有經驗並且具有顛覆性。它不停地發生，但我們卻一再地錯過，明明醒著，卻視而不見。

大衛・貝納博士在他的著作《深層靈性》中寫道：「富有覺察性地活著，是成為一個真正的人類的前提。」我想，就算不認為自己有靈性，你也會同意這句話。

記得，奇想是我們最原始的狀態，是與生俱來的覺醒。我們不必去追尋一些我們沒能獲得的東西，而是回過頭來，著眼於一直存在的東西。我們的奇蹟開關只是被關掉了，它還在那裡等著我們重新開啟。

倘若你不醒過來，這個世界不只會掏空你的口袋，偷走錢包，把錢拿走以外，還會把你的錢包塞滿假鈔，再放回你的口袋。若沒仔細留意，那些假鈔會讓你以為什麼事都沒發生。一個笨賊偷了你的錢包後會拔腿就跑，一個從來沒被抓到過的高明大盜則會偷走並掏空你的錢包之後，再用同樣重量和大小的東西塞好再放回去，冒充成原本的錢包，讓你的大腦不會發現錢包曾經被偷走過，以為這個看似相同的假錢包是真的。

這有點像印第安納．瓊斯電影裡的一幕，他偷走一個古文物之後，就立刻把一個沙包放回去原位。然而古文物和沙包是截然不同的，如果仿冒品幾可亂真，大概就不會有人發現，印第安那．瓊斯也能安然無恙地走出古墓。不過他的技巧得再高超一點，才能作個高明的大盜。

仿冒品危險且強大，它讓我們麻木不仁，讓我們以為那是真的而繼續過著現在的生活，以為我們所擁有的都是真的，生命因此充滿了稱不上魔法的幻象。然而，真實的魔法一直都在，是時候喚醒它了。

當奇想被喚醒後，你會發現自己在面對往後人生時不再只是得過且過。奇想會改變一切，最終讓你展開行動。奇想不僅是強大的動力，還能改變我們對自我的認知，因為我們的奇想經驗，能幫助我們更了解自己是什麼樣的人。讓我們一起繼續深入探索自我，細究那使你獨一無二的想像力，而奇想是開是關，決定了你如何運用這股強大的力量。

第四章

開啟新故事

改變你運用想像力的方式

你最深層的恐懼是什麼？它有什麼模樣？發出什麼樣的聲音？帶來什麼樣的感受？你心裡有答案了嗎？現在花一點時間來思考這個問題，我是認真的，好好想一下，有想到什麼了嗎？

靜下心來思考這個問題後，你會發現恐懼通常是一個故事情節，而不是一些關鍵詞。你曾經因為在書上讀到「蜘蛛」「很高」或「孤單一輩子」就忍不住覺得害怕嗎？恐懼的樣子比較可能是一些想像中的畫面或情境，像是電影的美術設計搭出來的場景。

想像力一直都被稱為「心靈之眼」。不過，如果雙眼看見的不一定可信，是不是心靈之眼看見的也不一定可得呢？馬克·吐溫曾說：「當想像力失焦時，別相信你的雙眼。」他早在西元一八八九年就這麼說了，在神經科學家證實「相信就會看見」這個事實以前。

自二〇一六年開始，我轉換工作方式，從自己一個人在世界各地的舞臺上或螢幕上說故事，到與一群同樣相信故事的力量的人們一起說故事。這樣的改變促使我最後領導了一個由說故事的人們組成的社群，社群名稱就叫做「故事」。從一開始在納什維爾舉辦為期兩天的研討會，至今「故事」已經發展成一個遍及全球的社群，其中有上千位作家、電影工作者、攝影師、表演藝術家、行銷人員、公關、設計師等等各式各樣說著故事的人們。

現在，「故事」每年會舉辦為期兩天的實體與線上研討會，讓來自世界各地的人們扮演說書人這個充滿力量的角色，一起交流創新的靈感並進行深度的對談。來自各行各業的人們參與這項活動，從剛踏入職場的自由創意工作者，到資深的蘋果、谷歌、迪士尼公司員工等等。

領導這個社群教了我超多，也是幫助我保持奇想活躍的關鍵。不過，你應該也不會覺得意外，畢竟「故事」是由世界上最有創意的一群人所組成的。

然而，在這個社群中，我也驚訝地發現到一件事，這些人共通的恐懼與不安竟然都和「是否能過著充滿創造性的生活」有關。就算其中許多人都已經達到相當的成就，仍不斷地和一連串的擔憂奮鬥，他們會否定自己，或是覺得自己「不配」。我的團隊和故事行為專家大衛．保羅，以及他超棒的團隊與研究人員搭檔合作，大衛是兩家顧問公司的執行長，專注於提供結合故事與行為科學的服務。

我們針對一百零八位「故事」研討會的參與者進行調查，請他們寫出二十二個他們恐懼的事物，並根據對他們生活的影響來排名。以下是統計出來前五名阻礙他們成功的恐懼：

一、無法符合期待
二、遭受負面批評
三、被別人拒絕
四、做了爛決定
五、他人的不認同

上述所有的恐懼全都源自於別人的觀感與批評，也都是基於羞愧感，更能追溯到十歲以前的經驗。

正是這些恐懼綁架了我們的想像力，並吸乾我們創造性的能量。我們都想與他人建立連結、被接納並融入群體之中，這些是我們生存的必需品，我們的中樞神經系統將「歸屬感」視為「活下來」，把「沒有歸屬」解讀為「死定了」。也難怪我們窮盡一生、想盡辦法都要「表現」給別人看。

在發現讓大家不安的共同原因後，我們希望能打造一個能幫助人們克服擔憂的實境體驗，而設計這個體驗的過程則不斷促使我去研究人類的想像力。我們的心是在做它想做的事，還是我們想要它去做的事？「想像力」是什麼？它又有什麼能力？

幾千年來，想像力對我們來說都是謎一般的存在，對現代的心理學與神經科學家們來說亦然。不過我們已經知道，創造性思維其實比一般認為的還要複雜，即便創造力常被認為和想像力是一體的。我們以為創造性思維只單單發生在右腦，而左腦僅負責執行和邏輯有關的任務，像是科學或是數學。但事實並非如此，想像力並不只存在於右腦而已。

當一個人依據既有經驗來想像各種情境時，喚醒的腦區被稱作「預設網絡」，主導著想像力迴路。這是大腦負責「拍電影」的區塊，它會藉由想像，甚至透過重寫你的過往，編導出當下或未來可能發生的戲碼。有趣的是，這個預設網絡涵蓋的範圍其實橫跨左腦與右腦，也就是當你想幫某個同事貼上「他就是右腦比較發達」來批評他缺乏想像力時，其實根本就不科學，反之亦然。

這也是為什麼當我們讀到或聽到那些關於想像力的至理名言（像「愛因斯坦曾說」）時，不應該憤世嫉俗地認為那只是一些自我感覺良好的正向思考罷了。愛因斯坦曾在一九二九年的訪談中說：「想像力比知識還重要，知識是有限的，想像力則涵容了世界。」我們應該用這句話的科學本質來看待它：想像是我們的天性，大腦更有個實質區域在執行這個賦予我們看見並創造未來的能力。

愛因斯坦接著說：「邏輯可以把你從 A 點帶到 B 點，但想像力可以帶你去任何地方。」

這世界上有許多事物都奮力地想要碾碎我們的奇想，摧毀我們的想像力，所以提醒自己想像力的重要性是必要的。奇想能讓我們相信還有更多的可能性，而想像力就是幫助我們描繪那些可能的工具。

當今猖獗的厭世風氣肯定會否定想像力比知識更重要的這個概念，你說對吧？從教育系統來看，就可以輕而易舉地發現，最受重視的還是知識本身以及吸收知識的能力。這讓我們得到一個結論：「對啦，愛因斯坦，想像力聽起來是不錯，但如果真的要在這個社會上成功，還是得努力讀書。」

這也是我所受的教育告訴我的，即便我念的是藝術專科。在肯・羅賓森爵士廣受好評的ＴＥＤ演講及其他影片中，他曾經這樣分享想像力的重要性：

> 想像力，這個人類無與倫比的能力，常常被我們視為是理所當然的存在。這個能力讓得以我們假想不存在的事物，以及它們可能成為的樣子。在我看來，人類文明的特色都是由這獨一無二的能力所帶來的成果。就算別的物種也有類似的能力，有的物種會唱歌，但牠們不會寫歌劇；有的物種動作靈巧，但牠們沒有組織奧運；有的物種彼此溝通，但牠們沒有節慶或劇場；有的物種懂得結構，但牠們沒有建造並裝潢樓房。想像力是我們獨有的能力。

肯・羅賓森爵士更說：「也是這個能力讓我們創造出千變萬化的人類文明、

成就、革新，以及地表上近六千種正在使用中的語言。但我發現，我們正系統性地扼殺孩子們的這個能力，以及我們自己的這個能力。」

他是對的，我們握有孕育人類文明興盛最強大的力量，卻親手摧毀了它的潛能。不過，這並不代表我們的想像力不活躍。

想像力的誤用

當奇想大開時，我們就能像小時候那樣善用想像力來作夢、創造、創新及解決問題，沉浸在充滿可能性的虛構故事之中。但是當奇想消亡，那個積極創造的能力也就隨之死去。不過，這時候想像力並不會停止創造並腦補各種故事情節，我們便將之誤用在擔憂上。

製造正面或負面的想像，得耗費同等的精神和氣力。事實上，憂愁傷身，可能用掉你更多的能量。

擔憂是一種想像力的誤用。

在擔心某件事時，我們會捏造出一些未來通常不會發生的戲碼。例如，假設你剛換工作，有個新老闆，這是你上工的第一週，你不知道老闆會怎麼評價你負責的案子。當你一邊工作一邊擔心，把精力耗費在擔心上，不僅效率變低、更加焦躁、壓力更大，影響你的表現，你甚至會因此生病，因為你的身體會設法避免那個你捏造出來的悲劇發生。

或是拿財務狀況來舉例好了，你有這類的煩惱嗎？我有過。擔心沒錢，不僅讓你壓力大，還會讓你睡不著。擔憂也會讓你變得易怒，並在關係中製造出新的麻煩並把場面弄得很難堪。稍後我們會再討論那個場面難堪的部分，因為你的想像力熱愛那種戲劇性的衝突，就像味蕾超愛甜食一樣。（我們幾乎可以說味蕾是為了冰淇淋而存在。）另外，當你處於沒有什麼問題值得去解決的狀態時，你的想像力就會覺得無聊，導致你把時間、精力、注意力都拿來擔心，而不是善用它來解決問題，創造正面的未來圖景。

擔憂是個陷阱，身陷其中時，就像是被瘋人衣束縛著人生，而唯一的解決之道就是開啟你的奇蹟開關，善用你的想像力，創造正面的未來藍圖。若未能開啟奇蹟開關，逃脫束縛的希望渺茫，你將被困在焦慮與擔憂所帶來的痛苦與折磨之中。

當我在帶企業員工進行工作坊時，總發現人們會在想像力和創造力上自我設限。「我沒有創造力啦。」我常聽到這句話，或是「我們不是負責創意的人啦。」講得好像創造力是職稱中冠上「創意」兩個字的人所獨有的。每當我聽到又有人把創意當「名詞」使用，我就很受不了，因為不是誰誰才是「創意人士」，所有人都有創意。而且創意是可以透過練習來精進的，有人職稱中有創意兩個字，只是因為這是他們專注且專業的部分。這的確是有點咬文嚼字，不過我想把概念講清楚總是重要的。

我的朋友馬克・皮姆斯勒是經驗治療等領域首屈一指的專家，他曾經告訴我，一個人運用創造力和隨興而為的能力是兩個主要的心理健康指標，他是這麼說的：「不在於你有沒有這個能力，而是你用不用這個能力。」

只把「創意」這個詞套在公司裡的某些團隊、部門，或者你心目中認定的少數那幾個人身上，會改變我們的對創意抱持的心態，並局限我們本來善於釋放想像力、創造夢想的能力。如果你的職業剛好是創意代理商的設計師、文案，或是廣告教主、教母，同時又超愛稱自己為「創意人士」，請你別再這麼做了。每當你又再往特定的團隊或群體身上多貼一張「創意」的標籤，就是在隱射其他人「沒有創意」。不是每個人都是藝術家，但每個人都是非常有創意的，而且每個人都有潛力將創意運用在自己所選的興趣、事物與行業上。

如果你覺得我好像說得太激動了，那是因為我真的太常遇到這種狀況。最近我和一位研討會的參與者聊天，他拋下一句：「我就是不像其他人那麼有創意啦。」我追問了一連串的問題，試圖了解這個人是如何使用自己的想像力的，才發現他在腦子裡正寫著奧斯卡等級的劇本，而自己是戲裡頭的主角。在劇中，他身陷各種想像的情節之中，而那劇本唯一欠缺的只是一個好結局。他的故事是我聽過數一數二有戲劇張力的，那是一個充滿了挑戰、恐懼、焦慮，最後走向背叛的旅程，好故事應該有的要素都有了。但在他內心的劇本裡，他並沒有因為那趟旅程而有所轉變，也沒有因此達到更好的境界。他的確發揮了創造力，只是沒有用對地方。

我們太常在運用創意的過程中受傷，使得我們為了避免再次傷痕累累，便停止運用創造力。

想想看，我們每天花多少時間在設想事情可能會出什麼天大的差錯，即使根本沒有徵兆或證據顯示那些情節會發生。我們太害怕那些悲劇會真的發生，但這些恐懼很少有實質的證據背書。剛剛講的那個人並不是沒有在使用自己的想像力，他的想像力出奇地活躍，只是誤用在保護自己不要再像之前那樣受到傷害。他需要的是修復創傷，並發展出一個更健康的視角，化憂慮為希望。他需要打開他的奇蹟開關，才能夠去相信還看不見的東西。

這也是為什麼在翻轉地圖上，我們可以同時看到「創造性想像」及「毀滅性想像」。

如你所見，想像力是這個循環的一部分，你現在的位置，以及奇蹟開關是開是關，決定的不是你

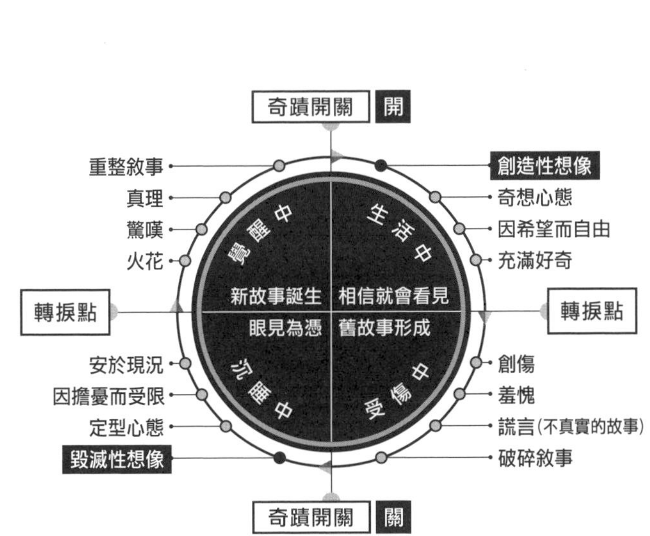

「有沒有」想像力，而是你「如何」運用想像力。

理性與非理性恐懼

然而，我們需要釐清，並不是所有恐懼都是不好的。如果你從來不會感到害怕，可能也活不到現在。你順利活到現在，還讀著這本關於如何重新想像未來的書。那麼，理性與非理性的恐懼之間的差別在哪裡呢？

最簡短的答案是，理性的恐懼是幫助我們生存的本能，而非理性恐懼則會讓我們活不下去，而且真的是字面上的「活不下去」。就像上一章提到的，負面情緒和壓力事件會造成一系列自體免疫疾病，甚至憂鬱症。請試著給自己一點空間，因為恐懼是人類很自然的情緒，在我們一生中，每個人都曾深深感到恐懼。重要的是，是你控制了恐懼，還是恐懼控制了你。

人類生來就內建了感受恐懼的功能。像上一章所說的，你的神經系統會激發你的生存本能，在某些情境下讓你動彈不得、奮而戰鬥，或是拔腿就跑。這些本能幫助你長大，也讓你在成人後能夠更有警覺，辨識潛在的危機和威脅。例如，小時候碰到陌生人時，我們會本能地感到不安，想逃回父母或親近的人身邊，長大後，在和新對象約會時，心中亮起了紅燈，或是求職面試時「感覺不太對」，這些情況有點像是你的神經系統在告訴你一個現代版的「有獅子，想活命就快逃！」。

這種形式的恐懼是健康的，因為它是有目的性地在保護我們的安全。雖然一般來說恐懼被認為是一種感覺，但這種形式的恐懼和大腦的本能反應比較有關，而非一種心理狀態，因而理性得多。像是你搭朋友的車，對方卻亂開一通，你會感受到一些生理反應，像是心跳加速、血壓升高、手心發汗，這是你的身體在告訴你：「我覺得很不安，請做出改變。」你充滿創造性的想像力也會出於好意，同時虛構出各種故事情節，進而使你的身體為了不讓那後果成真而做出反應。我們得重視且回應這種恐懼，因為它會幫助我們活下去。

那麼不健康的恐懼是怎樣的呢？這種非理性的恐懼通常是受到一些傷害性、羞辱性訊息的刺激而產生，進而讓我們以為很危險，不過其實不然。所謂想像力的「黑暗面」會帶你到什麼地方去？

也許你聽過這個說法：恐懼是看似真實的假象。聽起來很俗套，但它會被廣為流傳還是有原因的。在談到非理性恐懼時，這句話相當精確且實用。有時候我們開始擔心，並非基於當下的現實，而是根據過去的創傷與經驗，而且通常跟與他人的關係有關。

是時候從那些別人灌輸我們，以及我們說服自己的故事中拼湊出背後的真相了。他人對你的灌輸常常是透過行為上的壓迫，而不僅是言詞上的述說。那個你揮之不去的陰影是什麼？是什麼東西一直在你耳邊喋喋不休著謊言、餵養著你想像力的黑暗面呢？

所有問題都是「人的問題」

高一那年的聖誕節，我舅舅給了我一個紅包，我把裡面所有的錢都拿來買一件A&F的T恤，一九九九年，A&F是我那個小鎮最流行的牌子。當時我衣櫃裡一半的衣服都是人家不要送我的，或是在後院二手拍賣上買來的，所以買了那件T恤，讓我感覺自己像是個富二代。

後來我一週至少穿那件T恤兩次，不知道是什麼原因讓我覺得我應該這這麼做，也不知道為什麼我從來沒想過大家可能會發現。我永遠忘不了那件白底藍字、寫著品牌名字的T恤，因為它正如所有我試圖在其中找到認同的事物，都是我害怕自己無法融入大家而不安的象徵。

在布芮尼・布朗的暢銷書《脆弱的力量》中她說，只有在我們願意接受自己以後，才有機會找到歸屬。她是這麼寫的：「真正的歸屬感只有當我們向世界表現出那個真實而不完美的自己才會發生，因為歸屬感永遠無法超出我們自我接納的程度。」顯露真實的自我是需要勇氣的，布朗更接著說：「勇敢始於邁步向前、讓自己被看見。」

二十世紀時，有兩個名字在心理學界竄起，分別是奧地利神經學家西格蒙德・佛洛伊德和瑞士籍精神科醫師卡爾・榮格，你可能聽過、學校裡也教過這兩位精神分析學家。然而，同個年代在奧地利還有另一個聲音，他的理論和觀點並不像前面兩位那麼有名，但最近在當代心理學的討論和理解脈絡中開始受到關注，他是阿爾弗雷德・阿德勒。

佛洛伊德和阿德勒都是以新興心理學來醫治病患的先驅，不過在一些基本概念上兩人意見相左，像是過去的創傷是否和當下以及未來之間有因果關係。

阿德勒建立了一個稱作「個體心理學」的理論學派。我第一次接觸到阿德勒，是在我讀到《被討厭的勇氣》這本發人深省的書時。這本書由哲學家和學生之間對話的形式寫成，所以看來阿德勒的理論既是心理學的，亦是哲學的。

阿德勒所提出的觀點中，最有趣的一個是，他認為所有問題都是人際關係的問題。你可能會覺得有點難以理解，為什麼所有問題基本上都是「人的問題」。然而，我的人生故事的確驗證了這個論點，尤其是前面你已經看透透的部分。

從小時候在遊樂場被霸凌，到埋藏自己最深、最黑暗的祕密，無論那是多麼難以承受。從浪費掉一百萬，到一週穿兩次那件白底藍字的T恤，都只是為了要讓別人喜歡自己。所有問題都是人際關係造成的。

我們受愛與歸屬感的內在渴望所驅使，無所不用其極，只為贏得他人的認同，導致我們花了太多想像力在編寫「沒有人認可我怎麼辦」這個自導自演的劇情上。

如果你可以從那個曾傷害奇想的痛苦開始，邁出你療癒旅程的第一步，那會怎樣？你重生的奇想會把之前所有被你誤用來擔心、預設自己會失敗或被拒絕的創造性能量，全部挪來編織希望與可能。要完全掌握人生的各個方面絕對是一種假象，不過，我們對自己的掌控，絕對超過對他人的觀感或想法的掌控。你再怎麼樣也會比我還擅於控制別人怎麼看自己，畢竟騙（或說服）人是我的專業。

一旦我領悟到自己無法控制別人愛不愛我、接不接受我，甚至會不會利用我，我也有了被討厭的勇氣。我不再隨時隨地掛心別人的看法，而是好奇，如果我接納了真實的自己會是如何。接納自己，也幫助我找到勇氣在他人面前展現真實的自我，讓我願意在人前展現出這個奇怪的、異類般的自己。

我也想強調一件事，阿德勒認為我們應該接納真實的自我，不再試圖控制他人想法，並不是說人際關係就不重要了。他深信人能透過實踐「水平式的關係」來給予彼此信心，而非「垂直式的關係」。水平式的關係指雙方同等地對待彼此，垂直式的關係則因為有著階層分別而使人無法自然地為對方好。我相當鼓勵你去深入了解阿德勒的理論，他的想法和文字經過了一個世紀仍歷久彌新。而他對於目的論和病原論的觀點是和本書的主題最有關係的。

病原論是找原因和源頭的科學，目的論則是解釋目的的科學。病原論會問是什麼原因讓我開始寫這本書，是什麼原因造成了這樣的結果？而目的論則是會問我寫書是為了達到什麼樣的成果，並且會深入探討這個期望是如何驅使我的寫作行為。

而阿德勒和佛洛伊德的決裂就是在於兩人對病原論的看法不同。佛洛伊德相信病症的源頭會影響人們的行為，他的理論也形塑了當代治療師在臨床上所使用的創傷理論。他認為無論是在幾歲遭遇到難以承受的創傷經驗，該創傷都會被整合進我們人生敘事裡頭，為我們對自己說的故事創造因果關係。

喬瑟夫・坎伯那本傳奇性（尤其對說故事圈來說）著作《神話的力量》中寫道：「面對人生中不如意之事，佛洛伊德教我們怪自己的父母，馬克思則說我們應該要怪那些資產階級。但事實上，我們只能怪自己。」

我想，阿德勒應該會認同喬瑟夫・坎伯的觀點，因為他也覺得這個創傷因果論是一種誤解。他認為我們應該要關注自己在精神層面上被誤導的目的，因為正是這些目的引領我們去探索自己想要的是什麼，並告訴我們當下所做的選擇是否會幫助我們達成它。阿德勒並不認為人們的行為主要受制於過去的創傷，他認為我們的行為和感受都是自己選的，把自己的所作所為怪罪於往事，只是在圖個方便而已。換句話說，我們會用想像力來創作出任何順心的敘事來讓自己喜歡自己。

阿德勒認為人應該要專注在「此時此刻」，然而，以我們現在對人類心理的了解，忽視創傷的影響，難免讓人覺得短視。改變的力量不僅存在於當下，也存在於曾經，這是毋庸置疑的。心理與情緒健康的權威們也都認為過去與當下都值得我們關注，因為兩者都能改善我們的心理健康。

我舉個簡單的例子。去年夏天有段時間我感覺自己快被榨乾了，我們公司提供顧問服務的部門有一個創意案子要提，內容是要為客戶設計與製作一個實境體驗，但死限來得比我預期的還快。像是在趕作業一樣，我拖太晚才開始著手準備提案的簡報。也不是因為我真的沒時間，行程滿只是藉口而已。導致團隊裡有一位成員向我表達她的不滿，說她沒辦法像預期那樣充分準備提案，甚至感覺自己在瞎寫一通。

無論是家人、客戶，還是像這個例子中的工作夥伴，針對我們的表現提出負面評價時，我們通常會氣噗噗地回說自己已經盡全力了。而這正是我當時的反應，而這種反應所衍生出的衝突，最後也只會被自己解釋成對方就是不滿意或不了解我們。我們打從心底相信自己已經盡力了，一定是別人沒有看到我們在背後所付出的努力。

最後，為了要完成重要的工作，我們咬牙熬夜趕工到天亮。事實是，如果我們事先審慎思考過後果，就會發現其實是自己沒有顧及事情的輕重緩急，所以沒有分配足夠的時間和精力在這件事上，才會和同事起衝突又得到不中聽的評價。

為什麼得經過這麼複雜的過程？因為我們太渴望愛和歸屬，當我們感受不到愛與歸屬時，我們的想像力便會無法自拔地編造各種人際關係的噩夢。在我們不知情的狀況下，擔憂代替奇想，掌控了我們的人生。要是能選擇奇想而非擔憂，人生會是怎麼樣的呢？

你是否已經接受真實的自己？相信我，依我的經驗來看，說比做容易太多，直到今天我都還在努力當中。重要的是，你得先退一步回歸奇想，因為這一步會讓你開始體認到，愛自己和愛別人都是恐懼與憂愁的最佳解藥。愛就是歸屬，愛讓恐懼沒有餘地，愛領航我們抵達歸屬。

當我們越能放手讓自己去愛，任何形式的愛——神聖的愛、無條件的愛、親密關係裡浪漫愛或對家人及朋友的愛，越是放開心胸地讓愛進入你的生命之中，就越能喚醒奇想，擔憂會漸漸消逝。如此一來，想像力便會自然而然地用你意想不到的方式去創造、去作夢。

演一齣更好的戲碼

你是否把想像力善用在作夢與創造？還是浪費在擔心或消耗在人際關係的是非紛擾？如果是這樣，也許試著把想像力運用在自己比較能掌控的問題上，就能讓你少擔心一點。

當想像力覺得無聊時，它就會想找點事來做。人腦是設計來解決問題的，所以當你沒有夠難的問題讓它解決，它就會自己製造問題，通常就是製造出各種難堪的場面。小說家史蒂芬．帕斯費德曾說過：「在生活中搬演灑狗血的八點檔是一種抵抗的徵兆。」如果只要帶個有前科的男友回家就可以掀起波瀾，我們何必花好幾年打造一個新的軟體介面呢？

你有沒有發現自己也在做這種事呢？

可能是在你工作壓力大時，為了本來沒什麼的小事情大發雷霆。可能只是伴侶沒有清理廚房，你就覺得對方根本是故意找架吵。也可能是你對某個家人大小聲，因為他們「就是搞不清楚狀況」，而且你已經「說過一百萬遍」，很煩了。不過你真的說過一百萬遍嗎？也可能是某次你在 I G 上看到一群朋友聚會的合照，才發現他們竟然沒約你。這時你是否在想他們為什麼不找你，是不是故意的？腦中是否搬演了激烈的八點檔劇情？

如果內心可以不必再上演這些小劇場，我們就可以把同樣的精力善用在別的地方。若能改演一齣好一點的戲的話，那會是什麼樣的劇情？如果我們把「人的問題」、甚至他人造成的創傷都轉換成創造力的話，會是怎樣？過往的創傷能不能為正向想像力提供創意的能量？許多研究顯示，這是有機會的。

讓我們來看一些把創傷當燃料點燃創意的例子。《藝術治療》是「美國藝術治療協會」這個機構定期發表的期刊，時常刊載一些藝術治療的成功案例，以及一些用來療癒過去傷痛的創意寫作。

其中一個例子是一位叫艾莉森．法隆的人，她曾幫助無數人透過寫作治療自己的創傷，不僅成效驚人，更使近百位作者們實現了寫書的夢想（包括你現在在讀的這本）。

也有一個在納什維爾的非營利組織「創意老兵」，透過藝術和音樂成功療癒了那些戰後返家而苦於創傷症候群的老兵們。創意老兵為老兵和音樂工作者進行配對，讓他們有機會藉由不同的藝術形式，像是寫歌來唱出自己的故事。「將自己的創傷往事與傷痛轉譯成藝術的語言，來啟發並推動療癒的進程」，透過這樣自我表達的方式，幫助老兵們漸漸從戰爭的創傷中復原。這個計畫的成功率和進展更是驚人地高，你說是不是很棒？

貝瑟妮・海利・威廉斯也在做類似的工作，只是對象改為非洲的退役童兵。貝瑟妮是「流亡國際」這個組織的創辦人和執行長，她開創了專為飽受戰火創傷的孩童，以及那些被迫戰鬥的童兵設計的療癒方式。身為諮商心理學博士，並持有臨床社工的證照的她，二十年來和這些情緒受傷的孩子們一起工作，透過（你大概已經猜到了）藝術的方式，成功幫助這些受戰火波及的孩子們復原。

貝瑟妮和她的團隊帶領孩子們用圖片來表達自己傷心和痛苦的故事，就像好萊塢電影的美術設計會準備的視覺腳本一樣。她帶領孩子們重拾夢想，把想像力聚焦在充滿希望的未來。利用生命旅途中所遭遇到的困難來創造角色，就像在拍一部電影一樣，透過這樣的過程，幫助孩子們從過去的苦難中找到救贖。

這些來自第三世界失學的孩子們，被迫在戰場上度過童年，他們可能無法透過寫作來述說自己的故事，但勢必能利用人類的共通語言，也就是圖片來表達。而放下來福槍、拾起畫筆能有多少力量？貝瑟妮告訴我們：超乎你我的想像。

這種透過個人經驗來治療的方式會這麼有效，是因為創造性的活動會刺激位於大腦右下方的「邊緣系統」，這裡正好也是大腦的創傷儲藏室。創傷是一種全身性的經歷，而經驗治療有效，是因為它能用療癒的經驗去替換掉創傷的經驗，就像是改寫了舊故事。

馬克・皮姆斯勒，一個我前面有提過的好友，正在協助領導「國際經驗治療協會」。這個組織致力於發展這個十分有效的經驗治療方式，並透過開創性的方式幫助人們找到他們迫切需要的療癒途徑以重返奇想。

這個想法也呼應了無數在創作中直面痛苦的藝術家們的經驗，像是畫家保羅・克利就曾說：「我創作是為了止住淚水。」這種聳動的引言常讓人不禁要翻個白眼並酸一句：「噢，拜託，你就用畫解你的傷痛吧，喝酒才能化我的煩憂。」然而，科學研究顯示，發揮想像力創作這個動作，就像那些想像力豐沛的藝術家所做的，能夠幫助我們從悲傷中走出來，並重啟我們的奇蹟開關。

如果你自認為沒有經歷過什麼創傷呢？根據美國國家行為科學委員會的統計，美國有百分之七十的成人一生中至少經歷過一次創傷性事件，也就是在撰文的此刻，有將近二・二九億人的奇想被粉碎了。創傷之外，還有許多恐慌與恐懼困擾著我們，更不用說那些讓我們創造性想像癱瘓的不健康的恐懼了。

如果創傷經驗會毀掉奇想，那麼，面對過去並療癒我們的心，就能幫助我們重拾失落的奇想，讓想像力回歸創造性實踐的正軌。療癒這個艱難的過程，也會幫助我們更認識到自己內在的力量。我們無法回到過去並改寫歷史，但我們有能力改變它在我們身上留下的苦痛，因為那些苦痛往往存在於我們為了理解創傷經驗而創造的故事中。切記，你就是那個說故事的人。

一個能改變一切的詞

英文裡最有力量的詞是：what if，有沒有可能？

無數故事的源頭都是「有沒有可能」。一隻巨大殺人鯨有沒有可能入侵小鎮？我想彼得・本奇利在寫《大白鯊》時就是問了自己這個問題。外星人有沒有可能來拜訪地球？我們幾乎可以說所有科幻小說都是基於這個問題而發展出來的。一個勇敢的年輕女孩有沒有可能自告奮勇地在一個生死交關的危機中站出來？蘇珊·柯林斯在《飢餓遊戲》中回答了這個問題。一個書迷有沒有可能會試著困住一位暢銷作家？史蒂芬·金用他的小說《戰慄遊戲》回答了這個問題。玩具有沒有可能會有生命？魚有沒有可能也有感覺？機器人有沒有可能也有情緒？情緒有沒有可能也有情緒？皮克斯幾乎所有電影都是因為這些「有沒有可能」而誕生。

當你提出「有沒有可能」的問題時，你會開始思考、開始作夢。「有沒有可能」這個起手式讓我們用奇想的眼光展望未來，你甚至會發現自己創造出了新東西。「有沒有可能」使你的大腦開始設想更多可能性並開始追尋奇蹟。「有沒有可能」敲開了希望的大門並邀請熱誠與意義進來。

然而，我們時常錯用這樣的「有沒有可能」心態，我們錯把「有沒有可能」用在過去而非探問未來，而這樣的質疑會漸漸吞噬我們的心，逐漸把「有沒有可能」轉換成「要是」。

要是我更有魅力，就不會還單身。

要是我更聰明一點，就不會這麼窮。

要是我當時再努力一點，就不會被炒魷魚。

「要是」只會讓你自慚形穢，假以時日，這些懊悔的想法盤據在你心中，你就會開始把這些謊言當成真理。有個不錯的方法能避免陷入這樣的困境，就是把心裡這些假設性的問題，由針對過去轉而朝向未來。除非你是要進行某種療癒，如上述的創傷療癒案例，否則你應該練習把你的想像力用在往前看，看向未來，而非在背後的過去。

想像力的黑暗面是很強大的，放任不管的話，甚至會吞噬奇想。如果我們任由悔不當初的「要是」滋長，最後我們就只能活在過去，看著往事不斷重播，想著要是當時說了什麼或做了什麼就好了。

「要是我沒有犯下那個錯誤？」

「要是我沒說出那些話？」

木已成舟，你無法改變過去，但過去可以充實現在並預測未來。當我們感覺人生被卡住的時候，往後退一步，往往可以幫助我們前進。但你隨時都有機會重新想像未來，尤其是當奇想甦醒後，你就能把假設性的問題用在漫想未來。

「有沒有可能做點新嘗試？」

「有沒有可能來寫那本一直想寫的書？」

「有沒有可能創業？」

「有沒有可能試著約她出來吃個飯？」

「有沒有可能宣布自己真的受夠了，並勇敢地做出改變？」

你的未來會是什麼樣子？或者說，你希望自己的未來長什麼樣子？你心裡有畫面嗎？讓那個畫面更清晰一點，就可以增加它成真的機會。正如亨利．大衛．梭羅所說：「這世界不過就是我們想像力的畫布。」是時候用一張空白的畫布繪上你的未來了，別再試著覆蓋或修改過去。

如果奇想能讓你相信還看不見的東西是可能成真的，那麼，你放肆的夢想長什麼樣子？請試著讓那個畫面再清晰一點。

我是認真的，沒有開玩笑，請你暫停閱讀，閉上眼睛想像一下。

那個人生是什麼樣子？現在，請把它寫下來或打在螢幕上，甚至在一張空白的畫布上畫下來。有的人甚至會幫自己準備一個「奇蹟板」或「願景板」，在上面放滿你所嚮往、充滿魔法的圖像，你的各種「有沒有可能」的未來。

如果你的奇蹟開關因為很久沒有使用而老舊生鏽，導致你長久以來都誤用想像力，這種視覺化的方式對你來說可能不是太容易。把「要是」換成「有沒有可能」是需要一點時間練習的，就像是肌肉需要訓練一樣。

瑪麗雅・蒙特梭利是一位義大利醫生、教育家，她創辦了現在極富盛名的蒙特梭利學校，她曾說：「只有當人類有了勇氣和力量，利用想像力去創造時，想像力才會變強大。」是時候善用你的想像力來進行正向的創造了，創造並不是少數人擁有的特權。無論你從事什麼行業，如何發揮你的奇想，你都能過上充滿魔法的創造性人生，前提是你得讓好奇心勝過恐懼。

「要是失敗了怎麼辦？」你會擔心。

你的確可能會失敗，但你會因此而成長。

「但要是我一直失敗怎麼辦？」

但有沒有可能你不會呢？

是時候起而行了，是時候任由你的奇想翱翔了。當你讀完這本書，我希望你會認可並養成「奇想心態」，反之，認為老方法就是做任何事最好的方法，則是一種「局限心態」。奇想心態一直在學習、成長、創造；局限心態則認為美好只存在於過去。奇想心態相信無限的可能性才剛開始展露頭角而已；局限心態則活在恐懼和擔憂之中。奇想心態讓你相信魔法並引領你把「不可能」變成「可能」。

第五章 養成奇想心態

你可以放膽射月

中學時有位老師曾告訴我：態度決定作為。後來我發現，偉大的領導者都深知這個道理，偉大的父母亦然。我的確可以訓練我的孩子聽話，重複做出特定的選擇，並讓這個選擇成為習慣，但這種做法像是在倒數計時一樣，當他們越長大，越有自己的想法，就不會再服從我的旨意了。他們會從自己的生活經驗中發展出自己的敘事，並且形塑他們做任何事情的心態和動機。

你現在抱持著什麼樣的態度呢？你都是自己做決定，還是讓別人幫你呢？你有想過要重新設定自己思考的方式嗎？這件事其實做起來比多數人想像的還容易。例如，我得教我的孩子們「如何」思考，而不能直接告訴他們該怎麼想。在教他們如何思考的過程中，便能幫他們培養出特定的心態。

如果我們追求的是持久且真實的改變，那就得培養奇想心態。這也是為什麼那些驚奇的「片刻」不足以翻轉我們的人生。我們必須要改變自己看世界的方式、理解事物的出發點。換句話說，你得忘掉那些過去養成的自我設限與偏頗謊言，才能重新發現自己驚人的潛能，我們必須從根本上重設大腦思考的方式。

簡單來說，心態就是我們做任何事的態度。如果眼見不一定為憑，相信就會看見的話，信念能讓我們看見截然不同的世界。同時我們也會開始明白心態會決定行為，心態會驅使我們做出不同的決定並塑造我們的人生觀。

還記得亨利．福特的話嗎？「不管你相信自己做不做得到一件事，你都答對了。」如果你也認為這是真的，難道你不想達到永遠都相信「我可以」的境界嗎？因為如果你相信自己可以，那通常都是對的。心態也代表了你相信什麼是可能的。如果奇想能讓我們相信還沒看見的事物，那麼我們的目標就是將「局限心態」轉化為「奇想心態」。

卡蘿．杜維克博士開創性的研究與全球熱銷兩百萬本的著作《心態致勝》，不僅讓「成長心態」這個概念大受歡迎，也使大家理解到這樣的心態和所謂「定型心態」有什麼不同。

根據我每年向上萬人演講以及會後交流的經驗，我發現，有壓倒性多數的人會畫地自限，把自己限制在由過往經驗所衍生出的想法和信念之中，就像是受傷後留下的疤痕。這些限制性的想法和信念使我們發展出「定型心態」，當你的心態定型了，你的人生和職涯發展也會隨之定型。你感覺自己的人生像是被卡住了，走投無路，更感覺此生再也不會有任何斬獲，你只能安於現狀、得過且過。再過沒多久，你開始變得自滿，從此對那些曾經鼓舞過你的夢想麻木無感。

你曾經處於過這樣的狀態中嗎？我有，當我的奇蹟開關關閉時，我就是這麼覺得的。

使我們受制於定型心態的其中一個原因，就是我們相信了謊言，認為所謂的聰明才智是天生特質，而智商是固定的。就算我們發展天賦，卻仍認為我們在這方面能力的進步是有上限的。結論是，我們認為，在我們出生那一刻就決定了我們的極限，並非我們所能控制，一切端看老天爺的決定。

不過，人類有極限嗎？當然，你有，我也有，每個人都有自己的極限。但你現在所處在的位置和人類真正的上限還有一大段距離。當你認識到自己真實的可能性時，就會發現自我局限的想法根本就沒有道理。而我們又太常容許別人來告訴我們該做什麼、不該做什麼，而不是為自己做決定。

人類能登上月球，你的目標有比這還瘋狂嗎？應該是沒有，而那是人類在五十年前就已經辦到的成就，你何不再訂一個更高的目標？是的，「你能成為任何你想成為的人」可能有點言之過及，但你現在認為自己能辦得到的事，肯定和你真正可以做到的有一大段差距。

杜維克的研究完美地描繪了這個觀點，她更一步步解釋，要是我們都相信聰明才智是命中注定的話，會遇到什麼樣的困境。她寫到：「如果你真的只能有一定的智力、一定的個性和一定的品德，那你最好能保證你有一個健康的存量，要是這些最基本的特質看起來或感覺起來不太夠，那可行不通。」

這樣的心態讓我們把希望全押在自己手上那副牌，並因為沒拿到想要的牌而懊惱不已。

杜維克繼續說：「我見過太多人抱持著這種試圖要證明自己的消耗性目標。無論在學校或職場上，甚至在親密關係中，各種考驗智力、個性或品德的情境，對他們來說都是一種評鑑：我會成功還是失敗？我看起來是聰明還是很蠢？別人會接受我還是會拒絕我？我是贏家還是輸家？」

如果你對以上的描述心有戚戚焉，或是你也曾經抱持這樣的心態，我想你很清楚這種心態非常累人。你花時間在衡量而不是成長，你為了要降低犯錯的機率而保守行事，避免遭受挑戰，而非走出舒適圈，樂於接受他人的回饋。

杜維克的研究中最美好的結論是：我們不需要只靠著手上那副牌過完一生。我們有能力讓手上的牌更好，不時扔掉一些，並獲得新的牌卡，並透過經驗與學習提升自己的牌技。當你抱持著奇想心態，手上現有的牌對你來說只是起跑點，接下來就是一路往前。杜維克這麼問：

何苦把時間浪費在一次又一次證明自己有多棒，你只會越來越棒而已？何必要隱藏自己的缺點，而不是試著克服它？何必只賦在鐵定挺你的家人朋友身邊，而不試著和會挑戰你而使你有所成長的人相處？何必再選用那些屢試不爽的方式，而不試著拓展自己的能力？即便（特別是）在嘗試的當下還不太成功，卻仍能熱情且持之以恆地開拓自我，這就是「成長心態」的指標。也正是這種心態讓我們在人生旅途上關關難過、關關過。

這裡你就可以看到局限心態和奇想心態的不同。局限心態為可能性畫上界線，相反地，奇想心態則是由奇想引領，你會期待成長，看見或了解機會其實無處不在。

奇想心態就像是相信自己是富有可塑性、延展性的材料，而淬煉自我的主要方式就是接受挑戰。奇想心態和單純地相信自己的才華是不一樣的。你當然有才華，但相信自己的才華，或是所謂的「相信自己」，並不等同於相信自己願意透過學習和成長，做到任何你想做的事。就算你覺得自己才華不如人（這個限制性的信念很有可能只是奠基於謊言），你永遠都有機會透過學習新的技能繼續成長。

杜維克在《心態致勝》中也回應了這兩者的不同：

我們常常看到書店架上布滿「世界上最成功的人的十大祕密」這類的書。這些書的確能給我們一些有用的提示，然而，世界上最成功的人總還是有別的祕密。相反地，當你開始了解「定型心態」和「成長心態」，你便能清楚看到事情的前因後果。

相信自己的特質是固定的，並據此思考和行動，抑或相信自己的特質能透過培養而茁壯，並展開不同的思考和行動，最後將走上完全不一樣的路。

而養成奇想心態的關鍵就是體認到，奇想覺醒的人也是好學的人。好學的人注重成長與觀點的轉換，不認為自己「本性難移」。你可以改變，可以培養新的才能、技能和能力，所謂成長正是如此。所有局限自己的信念都可以改變，今天不行，不代表明天不行，老狗也可以學習新的把戲。

很可惜，現在正在讀這本書的讀者中，有些人永遠都沒辦法過上自己來到這世界注定要活的那種人生，只因為他們不相信那是可能的。別成為這些人中的一員，奇想心態是敲開奇想樂園與魔法人生大門的鑰匙，也許那樣的人生目前還只存在於你的夢裡。

所以，我們要如何把局限心態翻轉成奇想心態呢？從一個和你預期完全相反的地方開始。

允許自己平凡

養成奇想心態的第一步，是擁抱自己是個普通人這個事實。你沒有看錯。你可能不會相信在一本討論奇蹟和無限可能性的書裡，竟然寫著這麼一句話。但這個想法的確能解放你的思想，以魔法般的方式重啟你的奇蹟開關。無論勵志大師們是怎麼說的，無論你那出於好意的爸媽要你怎麼相信的，事實上，你不是天賦異稟。多數的人都不是，那些你覺得超厲害的人也都不是，而是因為你只看見他們人生最精華的片段，揭開布幕後你很可能就不會這麼想了。

好消息是，若我們擁有奇想心態，平凡就很夠了，足以完成幾乎所有你想達成的願望。心態決定我們把自我建立在什麼東西上面，很多人將自我建立在他人的肯定之上，所以努力表現出自己最好的一面，如前面討論到的。我們得學著將自我建立在更堅固的事物上，而非他人的掌聲。若你為他人的掌聲而活，他人的拒絕便可以輕易摧毀你。歷史上、世界上最有名的人之一耶穌，他曾在耶路撒冷受到一整列遊行隊伍的歡迎，而這群跪拜在他面前歡呼的人，一週後要求政府處決他。群眾是善變的，要討好一群烏合之眾是一場永遠較量不出高下的比賽。

我想你應該聽過這句話：「較量是喜樂的竊賊。」承認自己生而平凡，能使你不再和他人比較，不再讓喜樂被偷走，並相信自己手中握有的牌和別人的一樣。我們難免會想讓自己處在容易成功的環境中，當小池塘中的大魚，可以讓自己信心倍增，但這樣的環境並不能使你有所成長。而你，身為一個平凡人，可以過著非凡的人生嗎？當然可以。

讓自己處於成長中

就在上週，我的一個朋友，同時也是我的人生導師，傳訊息問我的近況，並問我手上幾個大型的計畫和機會發展得如何。我不知道要怎麼回答，於是我說：「我不知道我在幹嘛，我覺得我只是在隨機應變而已。」而他竟回說這樣非常好，因為這表示我正在成長中。他用一個祕密來安慰我：所有創新者、創造性的思想家、偉大的領導者都是在「隨機應變而已」，他更告訴我，自己多年來在Nike作為一個備受尊敬的創意總監亦是如此。別讓你的局限心態又欺騙你，說你是唯一一個還沒有搞定一切的人。

當你讓自己處於成長中，而非走「保證」成功的老路時，會感覺自己受到挑戰，甚至常常覺得不知道自己在幹嘛。正是奇蹟開關這一切變得可能，讓你的好奇心超越了恐懼，對你來說，能不能學到東西，比結果的成敗還重要，畢竟我們也經常高估失敗的嚴重性。

舉步維艱？太好了。彈盡糧絕？那更好。恭喜！你正處於成長中。

欣賞過程本身

有一句話氾濫在我們的文化中，在推特上、IG上、網路上不斷重複出現：「請表達你的感謝，因為我們都盡了全力。」我懂這句話的心意，表達感謝永遠都不嫌多。但是「我們都盡了全力」這部分我就不太認同了，我們真的都盡了全力嗎？除非這裡指的是我們都盡了全力在為自己的執念找藉口。

讓我們誠實且殘酷地面對自己吧，很多人都沒有盡全力。當然多數人都不是刻意放水，只是我們都只用到人類真正潛能的皮毛而已。問題並不在於能力或才華，而是在於我們是否重視失敗和學習的價值。

我們以為努力就是盡力，以為只要感覺到困難就代表我們已經竭盡所能。局限心態就會萌生這樣的謊言：「可惜呀，雖然我盡力但還是失敗了，那就是注定的吧。」然後我們的潛意識開始高速運轉，引導我們做出合理化這個謊言的選擇和行動。

然而，奇想心態會說：「可惜呀，這次『還沒』成功。雖然我害怕失敗，但我還可以再學習、再成長，因為『沒有最好，只有更好』。」

學著把「還沒」這個詞放進對自己的評價之中，允許自己成長，並幫助我們保持奇想心態。

把「我做不到」改成「我還沒做到」。

「還沒」敦促我們繼續前進、繼續嘗試、繼續探索不同的學習方式。「還沒」帶領我們走向奇想心態的關鍵：願意失敗，將失敗視為成長的一部分。

沒有人能達成所有想做的事，這是個殘酷的事實。追逐大小適中的夢想只能保證你會努力，無法保證你會成功。真正的轉變發生在努力的過程之中，而失敗將加快你學習的速度，成功卻不是什麼好老師。夢想越大，越容易失敗。失敗得越多，你學習與成長得越多。

卡蘿．杜維克鼓勵讀者「欣賞過程本身」，也呼應了上述的觀念。魔法不在於跨越終點線的那一刻，而在於前進的過程，因為過程才是洞察所在，增添視野與增長智慧的所在。這也說明了「我們都盡了全力」的迷思，這句話會使我們變得自滿而甘於現狀。生命本身是一趟旅程，然而許多人已經懶得前進。

就拿維持體態與健康來說好了。當你在運動時，你會挑戰自己，還是只是去健身房打卡報到而已？如果你期待公司業績成長，你會主動聯繫潛在客戶，還是只是在網路上貼一些不怎麼樣的內容，還期待會得到回應呢？也許你想要精進某項才藝、嘗試新嗜好，或是換一個更好的工作，你是會去嘗試新的做法，還是就照慣例來呢？

以上問題的答案是重要的。你已經懶得前進，還是正使勁踩著踏板呢？踩踏板為你帶來更好的結果，但不一定是所謂「成功」的結果。而我們應該要用這兩個問題來衡量最後的成果：我學到了什麼？奮鬥過後，我是否有所成長？如果你自然地答出：「我其實不覺得自己在奮鬥。」就代表你做的還不夠多，畢竟連奮鬥都不需要的話，怎麼談得上盡力。

然而太多時候，明明可以砥礪我們的失敗經驗，卻只打倒了我們的奇想。失敗不是要我們為此委靡不振，而是在邀請我們繼續鍛鍊自己的「再試一次肌肉」，讓我們變得更強壯。但要如何避免奮鬥和失敗關掉我們的奇蹟開關呢？我們需要更深入了解自己和失敗的關係，移除障礙、通往奇想的關鍵，也常常就在我們失敗的故事之中。

心態不只決定我們如何看待失敗，更重要的是，它也決定我們如何回應失敗。這又回到我們的信念，信念讓我們得以超越當下，看得更高、更遠。

當下感受到的痛苦會讓我們心想：「哎唷，好痛。」然後大腦就會告訴自己：「得讓痛苦消失。」畢竟沒有人真心享受痛苦，但痛苦卻是最好的導師與激勵。

當我正在寫這一章時，我四歲的女兒艾佛利皺著眉頭走進書房，說她需要OK繃。她剛剛出去玩跌倒了，刮傷了腳和手臂。在抱起她並安慰她之後，我問她發生了什麼事，隨後又問了一個很簡單的問題：「妳跌倒了，然後呢？」「我爬起來。」她說。這也是我們面對失敗該有的反應，重新站起來，之後那痛苦的感覺會提醒我們改變自己的行為。

我稱讚女兒的努力，希望她長大後能夠發展出奇想心態。勇敢能讓她一路擁抱挑戰，而非小心翼翼，這並不會讓她因此做什麼都成功，但絕對能讓她努力嘗試更多東西。失敗仍然會讓她感到痛苦，但人本來就時不時需要繃帶包紮一下傷口。我們都會失敗，並且不會因此就成為魯蛇，別讓失敗來定義你。

從失敗中我學到最寶貴的一課是，面對失敗要挺身而進。我是個容易擔心的人，所以面對失敗我得擁抱它，並且自問：「好吧，最糟是能有多糟？」

通常答案都沒有大腦熱愛捏造的極端悲劇那麼糟。你也許會牢牢記住自己的失敗，像是刻在浴室的鏡子上般，但其實其他人都會忘記，他們反而會欣賞你所表現出的堅持。

所以到底要如何從局限心態轉換成奇想心態呢？答案是：透過練習。透過練習來培養好習慣，便能為大腦創造更好的神經網絡，這對所有人來說都是天大的好消息：我們可以依據自己想過的人生，重新打造我們的大腦。

大腦的可塑性

人類的大腦是很不可思議的，小時候大人都叫我們不要吸毒，我還在念小學的時候，電視上的反毒廣告用鍋子裡的煎蛋來代表「吸毒的大腦」，這是非常精準的譬喻，而我想寫那劇本的那個人也很清楚。

不知道是不是因為那些反毒活動和廣告的關係，毒品從未引起我任何興趣，當時我想要的是心靈上的超能力，而且不只我這樣想，你看無論有多少科學研究反證了整個「心靈工業」，社會上的讀心師、算命仙、占星師永遠不嫌多。而在我身處的這個專業魔術師領域中，毫無意外地，也是充斥著各種神棍或大師，濫用我們的訓練和資源來招搖撞騙。不過令人驚訝的不是有人這麼做，而是這種詐騙竟然可以深植人心到連詐騙師都真的相信自己有超能力。

事實上，我們並不需要望著星盤尋找答案和魔法，只消觀察創造星星的神奇魔法，就會發現自己竟然與許多劃過銀河的星塵有著相似的成分組成。一旦你了解到科學是如何為這個事實背書的，你怎麼還會不相信魔法？你天生就有魔法，但記住，這並不讓你變得特別，而是讓你變得平凡，因為所有人都有一樣的設定。人類生來不是要預知未來，而是要創造未來。

才沒幾十年前，科學家還相信大腦只有在嬰兒及幼兒時期才可能發生決定性的改變，當我們長大成人，大腦的生理結構與具體形式都已固定。這不就是定型心態嗎！這概念講的還不只是智商而已。一九六〇年代，研究人員曾驚訝地發現一些年紀稍長的成人，中風後仍能恢復部分身體機能，他們開始對過去的看法存疑，也許大腦比之前認為的更有可塑性。

大腦不僅在中風或其他形式的創傷後會自行重組，我們也能主動重塑自己的大腦，進而重新打造自己的人生。

神經科學家越是深入大腦難解的設計，就得到越多突破性的發現，證實了人生的歷練會改變我們的大腦。大腦的重塑性，代表我們有辦法改變信念，以及信念所促成的行為。透過重複的行為在大腦中建造出新的迴路，就會變成新的習慣。

人類的大腦由大約八百五十億個神經元所組成，神經元就是構成神經系統的細胞。當我們過著每天的日子，這些神經元也同時透過各種方式彼此交流。你也可以把神經元想像成是組成大腦的最小單位，它善於把訊息傳輸到其他的神經細胞、肌肉或腺體。八百五十億個神經元聽起來的確是相當多，但據我們現在所知，神經細胞的生成並不是在出生後就停止。如果大腦能生成新的神經元，我們就能製造新的連結，改變神經元間既有的交流方式，甚至透過培養新習慣來改變原本的溝通網路，也就是說，我們能夠重新設計自己大腦的運作方式。改變自己的心態、行為、習慣，突然間不再是遙不可及的事情。如果我們能重塑自己的大腦，就表示我們能喚醒奇想並重新構想自己的人生。

研究指出神經可塑性有兩種，第一種叫做「功能性重塑」，美國心理協會將之定義為「大腦轉移全部或部分受損組織的功能到其他區域的一種因應能力」，所以人才能夠在中風後重拾部分身體機能。這種可塑性真的很驚人，對我們所有人來說也是個好消息，不過，在這裡我們要聚焦的是另一種可塑性——「結構性重塑」，也就是大腦透過學習來改變其生理結構的能力。

儘管大腦裡有上百億個神經元，但如果這些神經元沒有和彼此以及腦內其他結構形成適當的連結，它們終究會死亡。成人的大腦雖然具有可塑性，但是神經元仍會在變老與發展的同時自然死亡。每當你學會一些新東西，大腦就會幫你替換掉一些死掉的神經元，並形成新的連結。不過，我們需要學什麼新東西來讓大腦形成新的連結呢？

在第四章中我們有簡短提到過「視覺化的力量」。你需要培養奇想心態來有效放大想像力的潛能，再利用視覺化來重塑你的大腦。

二〇〇三年時，哈佛醫學院的神經科學家阿爾瓦羅・帕斯庫爾・勒奧納召集了一群自願者，把他們帶進實驗室裡彈鋼琴，先從單手彈起，並要求其中一組人連續五天練習兩小時，每天練習結束後進行一個測試。這個測試使用「穿顱磁刺激法」，也就是在頭上裝置一個橫跨兩耳間的線圈，線圈會向大腦的運動皮質發出短磁波，以便研究人員觀察大腦中神經元的運作。所發現的結果也在預料之中，當志願者們頻繁地使用特定的肌肉時，他們的大腦也會為此投注更多資源。不過以上的部分只是為了要和接下來的實驗作比較。

另一組人被要求只能「想像自己在彈鋼琴」，連手指都不必動，甚至連鋼琴也不需要。他們在腦海裡彈奏同一首曲子，想像自己會怎麼動手指，研究人員也同樣透過穿顱磁刺激法來測量這組人的運動皮質。結果發現，僅用想像力來彈琴，他們大腦運動皮質中與負責控制手指彈鋼琴的部分，和另一組有實際彈奏的人一樣都增強了。所以光靠想像就有辦法讓大腦產生新的連結，以供往後由虛擬走入真實中所用。

奧地利心理學家艾倫．理查森也證實了這個發現，他招募了一群從來沒有做過「視覺化想像」練習的籃球員，並用罰球來評估他們的能力。

在他的實驗中，第一組球員連續二十天每天練球，第二組則只在二十天中的第一天和最後一天練球，第三組也是只在第一天和最後一天練球，中間的每天則花二十分鐘在腦海中想像自己在罰球。你大概也猜得到結果了，透過視覺化想像自己投籃並唰一聲進球的第三組球員的能力有顯著的提升，甚至和第一組每天都實際練習的成效幾乎一樣好。

對一些人來說，這個實驗結果簡直不可思議。或許真的滿不可思議的，但也不是什麼天方夜譚，而是經由科學證實的真實魔法。我們的大腦就是如此難以想像地強大，但這真的是大腦的原始設定。同理，我們也比我們以為的還有辦法重塑自己的大腦。就像是這個我現在身處其中的房子一樣，雖然買來的時候管線都拉好了，我們還是重新配置管線和裝修。要把房子改造成我們想像中的樣子，重新配置管線和裝修本就是工作的一部分。

人體（包括大腦）的預設值是去依賴熟悉的事物。但如果你能創造新的神經連結並不斷地重複來加強它，你就能為自己培養出會翻轉你人生的新習慣。

但小心別過度炒作神經可塑性，不少自稱大師的人會把視覺化想像當成靈丹妙藥在賣。就像我們前面提到的安慰劑效應以及暗示的力量，它們都和神經可塑性一樣強大且有效，但有時候，更適當的做法其實是去看醫生。

練習視覺化

透過視覺化想像，你便有了無中生有的力量，因為大腦並不總是分得出腦中浮現的畫面究竟是回憶，還是你想像並構築的未來圖景。練習視覺化可以增強大腦中必要的神經迴路與連結，所以比起專注在那些阻撓你前進的障礙和挑戰上，你更應該去想像你想看到的樣態，因為這會使你的大腦產生新的迴路與連結，形成你的信念，改變你眼中的「真實」。

然而，光靠想像自己跨越了終點線，顯然並不會真的讓你抵達目標，畢竟要實現目標，終究得付出努力。但若你連想像自己跨越終點線都辦不到的話，要真正抵達簡直是不可能。如果連你自己都不覺得自己有機會實現你所追求的目標的話，你就是真的辦不到了。因為「無論你認為自己行還是不行，你都說對了」，而這個告訴自己什麼可能、什麼不可能的「認為」，都是經由持續練習視覺化而成形的。

然而，在開始練習視覺化之前，我們需要先有一些實際的經驗作為基礎，有了基礎才有練習的依據。例如如果我從來沒學過跳傘，只是憑空在腦中想像自己從飛機上往下跳的話，應該不會有什麼好下場。同時結合專業的指導，練習視覺化才能帶來成功。視覺化的訓練在運動員間大受歡迎，它也和我們生活中許多面向有關。

我在本書裡寫的所有東西都是我實際練習過的。若沒能維持奇想心態，這本書也無法順利完成。有時候我坐下來卻文思枯竭，但也是經歷了失敗才使我有所成長。這些過程中讓我學會評估、學會修正，擁抱潛在的失敗則幫助了作為作家的我持續成長，而奇想心態對我的幫助並不止於此。

保持著奇想心態也讓我藉由視覺化來推進創作的過程，我不光是想像要寫什麼，我得真的寫出來才行。奇想讓我有辦法想像自己成為暢銷作家，想像自己透過這本書幫助到成千上萬人，也正是這本書的內容讓我有辦法想像這些。我運用想像力，練習把願景視覺化，幾乎每天閉上眼睛就想像著成為暢銷作家會是怎麼樣的光景。例如我想像自己打開瀏覽器後在亞馬遜網路書店上讀著五星評論，或是接到我出版經紀人瑪格麗特的電話，說我的書登上暢銷排行榜，我也想像自己在出席某個現場活動，臺上主持人用「讓我們歡迎暢銷作家」介紹我出場。當我想像著這些畫面時，我的心跳會加速，雙腳會躍躍地期待自己走上臺。這就表示視覺化不只作用在大腦前額葉，同時也影響到邊緣系統，也就是這些想像的畫面也活躍在屬於意識之外的腦區。

我為什麼要想像這些？是因為我認為成為暢銷作家，並擁有數百篇五星評論就是成功嗎？我承認，這的確是件令人興奮的事，但正如所有人一樣，真正鼓舞我的是做這件事的意義與目的。五星評論對我來說並非所謂「成功」的象徵，而是告訴我有讀者覺得：「沒錯，這本書對我來說很有價值，我想分享給大家，希望這本書也能影響他們的人生。」

當然，想像自己得到五星評論，並不保證你會真的得到。但透過這樣的視覺化，大腦會自己補足評論的內容，詮釋我的創作如何影響他人的生命故事。這些想像會在腦中生成的新迴路和新連結，在我成為思想家、作家，或作為一個人的路途上，幫助我開發潛能，突破設限，養成跨越終點線所需的習慣。

練習覺察

我曾聽創業家湯姆．畢耶說過：「一個人是由他的信念、習慣、例行日常與價值觀所構成的。」

我不是很認同把完整的一個人化約成僅僅四樣東西，但是，信念、習慣、例行日常與價值觀的確形塑了我們正在過的日子。這也就引申出了一個頗有價值的問題：信念和習慣的關係是什麼？是先有信念還是先有習慣？

當你養成奇想心態之後，大腦便有辦法做出新的選擇。你會開始質疑過去告訴自己的那些並非真實的舊故事，並讓奇想創造新故事。這時大腦便不會再舊調重彈，而好奇心也會開始引導你做出符合新故事的選擇。當你不斷重複新的選擇，它便會形成新的習慣，並使你的人生轉換到新的軌道上。這個過程將帶領你為維持奇想與相應的新故事負起責任。

換句話說，如果你想重新打造未來，是時候為自己的人生負起責任了。

這件事沒有表面上看起來那麼簡單，因為你現在的人生也是過去的你一手打造出來的。

我們必須為自己的決定負責，畢竟我們不能控制他人，也不能控制這個世界。人生中的確有許多面向是在我們的掌控之外的，而其餘自以為能掌控的部分，常常也只是幻覺罷了。不過，我們還是有能力讓自己每天早上醒來後，藉由重複的選擇，也就是習慣，來掌握自己的人生。

如先前提過的，寫這本書也迫使我去練習書中提倡的內容。我曾聽其他作家開玩笑說：「一旦你開始寫書就得更小心了，因為你得說到做到。」我現在更了解他們的意思了，尤其在我發現當我開始寫有關奇想的書，整個宇宙竟都跑來與我的奇想為敵。

在這本書完成近一半的時候，有一次我真的很想放棄。恐懼、質疑、擔憂的綜合體開始侵蝕我的心，培養了多年的奇想心態也開始碎裂並剝落。那個我好不容易才將它束之高閣的想像力黑暗面，像是夜裡的小偷一樣洗劫了我的奇想樂園並試圖竊走我的樂觀。究竟是發生了什麼事？

這也不是我第一次感覺到全世界聯合起來要奪走我的奇想。然而，這次我已確立了性格、核心價值、信任與信念，也養成了更健康的習慣、更敏銳的覺知、例行日常與儀式，因此順利度過難關。我們雖然不知道困難會在何時何地又如何發生，但我們知道困難總有一天會發生，我們必須維持奇想甦醒。

無論在風平浪靜或驚濤駭浪之時，維持奇想甦醒的核心都是覺察。那次也是我這輩子第一次有了足夠的自我覺察能力，所以還能充分地活在當下並覺察魔法。魔法並不像風浪一樣可見，但只要仔細留意，它永遠都存在著、運作著，並支持著你前進。

「仔細留意」這個概念在這本書中已經出現了不只一次，而它也不是件簡單的事。不過憑心而論，這本書目前為止所涉及的概念很少稱得上是「簡單」的。

曾經有位導師告訴我，人生的目標就是「覺醒」。後來我才明白，覺醒不只是神智清醒，更是精神上全面覺察當下。當有太多的事物蒙蔽我們的判斷時，要能打開覺知並看清事實是非常困難的，而這也是你得培養全面覺察能力的原因。當風暴來襲時，雲太厚雨太強，你會看不清眼前究竟有什麼。但若有了奇想，閉上眼睛時，將是你看得最清楚的時候。

在我不到四十年的人生中所學到最珍貴的一課就是閉上眼睛去看。閉上眼睛讓我可以不受環境中的刺激所干擾並關閉我的五感，如此一來，便能揪出那些奪走我心思與關注的事物。只有在充分的覺察時，我才能有意識地做出反應，有意識地朝更健康的信念和習慣的方向去行動，而這也是把自己由舊故事推進到新故事得練的基本功。

要如何打開覺察呢？覺察又會如何影響我們的行為？可以藉由規律的正念練

習。由於最近出現了不少引導冥想的App，許多人把正念和冥想搞混了。規律的冥想練習能夠幫助你培養正念，而正念也是冥想的方式之一。也就是說，要練習正念，似乎很難不藉由培養天天冥想的習慣來達成。要使奇蹟開關持續開啟，冥想是必要的，尤其我們一天就有六萬到七萬個念頭浮現在腦海。記得，念頭浮現不代表它就是真的，當你越能藉由正念練習去觀察自己的想法，那些念頭就越不容易藉機入侵你的意識，甚至關閉你的奇蹟開關。

正念讓你在做事時有辦法關掉其他令你分心的事物，使你學著活在當下並存於當下。正如人們常說的，你是人，而不只是人力。當你學會存於當下，你就能感到自在，並且正念以對那些令你分心與不安的想法和感覺。在重新學習並回到最初的奇想狀態前，你得先揚棄舊習。

冥想的英文meditation，這個字的原意是「變得熟悉」，當你熟悉了自己的偏執後，才能攤開那些謊言作為回應。我們得透過像冥想這樣的練習才能更深入地了解真實，諷刺的是，真實也同時是那些注重事物的絕對性與正確性的人所追求的。

然而，多數人都沒有真的在執行與冥想或正念相關的練習。我在為這本書找資料時，讀到一個針對兩百多人的調查，調查顯示，只有百分之三十五的人每天會撥出點時間來反思或冥想。在同樣的調查中，有百分之七十三的人表示他們享受在隨性的發現中學習到新事物，百分之七十五的人說他們希望自己對新的可能性能有更開放的心胸。這個研究顯示出我們在「對自己的期望」與「真正透過練習去達成期望」之間有著巨大的鴻溝。

冥想是對我們非常有幫助的練習，不過，要培養正念並不限於冥想。我認為正念比較像是一種生活方式，而非一件你得坐下來且閉上眼睛才能做的事。所以無論身在何方，你隨時都能藉由關注且投入在當下來練習正念。有些人會說抱持正念就是用省思來生活，而省思本來就有各種方式。不過如果沒有奇想，人是幾乎不太可能去省思的。

當我們的意識越覺醒、擁有越敏銳的覺知時，就越能夠維持奇想心態，即便生活中有再多不受控制的狀況會製造謊言和局限性的信念來奪走奇想。學著觀察自己的和他人的故事之間如何互相影響，進而編造出謊言和局限性的信念，也能幫助我們進一步整合自我的覺醒與覺察。所謂他人的故事，也包括了生活環境中的訊息，這也是為什麼我們生活與工作的環境也是保持奇蹟開關開啟的關鍵。事實上，環境非常的重要，這正是下一章的主題。

在啟程踏入奇想樂園之前，讓我們先來練習正念以應對那些局限性的信念。當你越能全然地專注於當下，你就越能注意到自己的舊故事與新故事兩者在交會時所產生的內在衝突。當大腦試著要延續舊故事並視之為真時，你的奇想會說：「等等，你還沒看到新故事會帶領你去到哪裡呢！我會讓你相信新故事是可能的。」奇想說，別相信那些謊言，尤其在限制性的信念開始發揮作用，試圖讓你因恐懼而想安於現況，最後改變你的態度和行為的時候。

那你該如何回應那些試圖要奪走奇想心態的謊言與局限性的信念呢？又要如何才能對付默默跑回來的定型心態？從按下暫停鍵與反思開始吧。當你感覺自己搖搖欲墜，目標變得遙不可及時，按下暫停鍵，停下來反思，觀照此時此刻的真實吧。藉由客觀而非主觀的真實來省思眼前的狀況，並自問：「這些想法是從哪裡來的？」

是不是其實是你的想像力在故弄玄虛呢？你所感覺到的恐懼是源自於真正存在的危險，還是只是某個過往事件所誘發的非理性恐懼呢？有任何的證明或依據能證實你在告訴自己的這個想法是真的嗎？

創傷治療最主要就是在培養我們應對往事的能力，讓我們和自己說：「那些痛苦的經驗的確是發生了，不過我也明白，它雖然發生了，但也不是現在進行式了。」如果這是你受困已久的情況，我懂，最好的療癒途徑還是有專業認證過的經驗治療。

當你以真實為依據，就越能辨識出別人告訴你或你告訴自己的謊言，也越能辨認出故事中不真實的部分。你更可以試著找出製造那些謊言的是什麼東西，藉此培養辨別真理與謊言的習慣，以便往後當謊言再度浮現時能更快且更容易認出它來。當你順利地為自己按下暫停鍵來反思，辨認腦中的故事中有哪些部分是不真實的執念後，便可以拿真理來與之應對。我得再次強調，有時候參與由專業治療師或諮商師引導的和解療程仍是必要的，這取決於造成你局限性信念的是什麼樣的轉捩點。就算你感覺自己不需要，這樣的療癒經驗仍十分有幫助。

養成奇想心態後，我們可以藉著不斷複誦相關的信念來維繫它。有些人將這個過程稱為「認定」，有些人可能會覺得這詞怪怪的，我則喜歡把複述真實這件事當作是一種提醒，畢竟叫什麼不是很重要，重要的是能持續地辨識真理，再用真理來應對謊言。你可以用奇異筆把真理寫在浴室的鏡子上，或是寫在便利貼貼在工作的電腦螢幕上。多多肯定這些信念不會讓你吃虧，也能幫助真理奪回它應有的力量。我都會放一支奇異筆在浴室梳妝臺的抽屜裡，因為我很愛在鏡子上留言來表達我對我太太的信任，她也很愛我這麼做。

身在這個熱愛濫用這種「認定」，甚至把勵志標語當作一種成功捷徑的文化中，我覺得有件重要的事得提醒一下：只有在我們已經成功從舊故事中療癒，並走進新故事後，認定才有提醒我們真相的功用。

光是在浴室鏡子上寫「我夠好了」來對抗謊言，每天早上對自己大聲唸出來，並沒辦法真的改變你的人生。這種硬是灌輸某個觀念的方式，對大腦不只沒用，還會造成反效果。當「我不夠好」這個念頭是來自於某個創傷經驗，若不針對創傷進行療癒，就像是對著空氣大喊真理，再任由謊言的風把它吹走，最終仍無法降落在你心中。

當你踏上通往真實與療癒的旅程時，記得時時提醒自己真相是什麼，並為自己也為他人而肯定真理。因為只有這樣，奇想心態才會開始萌芽，局限你的信念也才會開始消逝。

練習感謝

養成寫日記的習慣是培養覺察一個非常實際的方法。因為寫日記可以有效地「使用」覺察，而不是讓你直接「得到」覺察。把每天察覺到的東西記錄下來，可以幫助你反思，你也可以在日記上不斷複述那些你發現的真相，更可以利用寫日記所培養出來的敏銳覺察力，發現自己在邁向新故事途中所達成的重大轉變。寫日記也是練習感謝的絕佳機會，而感謝正是奇想心態的最後一個關鍵成分。

「簡單到只要連續二十一天，每天寫下三件感謝的事，就能顯著的提升你的樂觀程度，還能維持六個月，這研究也太棒了。」哈佛的研究者、作家尚恩・艾科爾在《Inc.》雜誌中的一段訪談中這麼說。艾科爾這個以「感恩的心」為題的研究真的超棒，這項神經科學研究的結果顯示，感謝有著近乎魔法般的力量。

在丹・貝克的著作《快樂的人知道》中，他這麼寫道：「當你主動表達感謝時，來自杏仁核（大腦的恐懼中心）充滿威脅性的訊息要通往新皮質的路徑會被突然且全然地阻斷，害怕的感覺便無法在你心中反覆且惡化為一連串的恐慌。因為在神經學上，大腦無法同時處於既感謝又恐懼的狀態之中。這兩種狀態能互換，但會相互排斥。」

心存感激能讓你脫離恐懼與擔憂，這也表示，感謝能讓你把想像力善用在正向的、具創造性的、能賦予我們生命力的面向上。光是這個事實就足以鼓勵我們開始頻繁地練習感謝，同時也彰顯出感謝是培養奇想心態的重要元素。

現在就試試看吧，暫停閱讀，列出三件你想感謝的事。你正順暢地呼吸著嗎？你頭上有屋頂嗎？如果你也認為這方法有幫助，那就從基礎的感謝開始吧。待你的覺察越敏銳，這個感謝名單就會越來越長。我幾乎每天都寫日記，寫下三件令我感激的事物也是我日記的一部分。這個方法也為我營造充滿魔法與奇想的人生，帶來了驚人的成效。

自我局限的信念可能正占據你的心，不過，透過視覺化的練習、覺察的練習、寫日記等等方式，你可以改變那些信念。這些習慣或是儀式性的活動會像是火種一般，點燃並維繫你的奇想之光，也會為你確保奇蹟開關是開啟的。

當這世界想要搶走奇想或你自己不小心落入局限心態的圈套時，你得找回自己那無窮的力量。瑪莉安．威廉森在著作《愛的奇蹟課程》中提出了這個想法：「我們最深的恐懼並不是害怕自己不足，而是害怕自己身懷的無窮力量。不是內在的黑暗，而是內在的火光使我們畏懼。我們自問：『我怎麼可能才華洋溢、光彩動人、超群卓越？』實際上，你怎麼可能『不』是如此？你是上帝的孩子。藏私是無法讓你回饋這世界的，掩蓋自己的鋒芒免得鶴立雞群也不會使你頓悟。我們都注定要發光發熱，就像孩子們一樣。」

現在的我已經無法再藏私或放水，正是奇想心態讓我的生活運轉在健康的力量與氣度之上。你不打算加入我的行列嗎？這個世界需要你展露出鋒芒，向前迎上你注定該過的人生。不是說人們需要被你掌控，而是我們需要你的魔法。因為當你允許自己發光發熱時，也會誘使他人釋放自己的魔法來響應。

這也是許多心靈成長導師告訴你要倚靠的「力量」，這力量是所有改變的來源。雖然我也相信所謂「內在的力量」，但我也明白這種力量是一種餽贈，不是每個人都具備，並且能善用它。

我希望這本書裡的文字能幫助你養成會改變你一生的奇想心態，我也希望我有妥善地為你展現奇想的力量與實用解析，讓你能順利地依循它來改變自己的人生。奇想的概念真的就是這麼簡單，但別讓簡單使你錯失了它的魔法。奇想心態能讓你這個平凡的人，活出超凡的人生。

第六章

打造奇想樂園

環境會改變你的一生

我們不需要像愛麗絲一樣掉到兔子洞才能到仙境裡漫遊，我們可以在任何地方打造出屬於自己的奇想樂園。環境也是維持奇想活躍、保持奇蹟開關開啟的關鍵。

在上一章，我們了解到心態會影響我們做出的選擇與行為，也會改變我們看待事情的方式，可以說「態度決定作為」。本章我們將探討我們的心態是如何深受環境影響，如工作或生活環境中的氛圍。

atomosphere 這個英文字除了指環繞在地球周圍的大氣層之外，還有「瀰漫在某個地方、某種情境之下，或在某個藝術品中的一種氣氛或基調」的意思。你現在正處於什麼樣的氛圍之中呢？你大部分時間待在什麼樣的地方與情境裡，那裡又瀰漫著什麼樣的氣氛或基調呢？在那些空間中又有怎樣的文化呢？

請想像自己和太空人一起前往月球。那裡的氣氛會如何影響你們的態度呢？當你們坐在太空艙裡，火箭朝著外太空拔升時，你心底會產生什麼樣的懷疑、恐懼，而在腦海中又會閃現什麼樣的想法。奇想不僅引發了人類對宇宙的嚮往，同時，奇想勢必也得賦予太空人將想像力的黑暗面束之高閣的能力，你們才有辦法在旅途中專注在希望的探索上。

但如果氛圍變了會怎樣？太空人每一次踏上探索未知的旅程，直到太空艙降落、艙門打開、踏上月球表面，又有什麼樣的變化？

當環境中的氛圍改變，你的心態也會隨之改變，因為環境也是你當下感受到的故事的一部分。只是改變環境，可能無法打開奇蹟開關。不過，如果奇蹟開關已經開啟，環境中的氛圍就是維繫奇想的主要因素，好的氛圍能讓奇蹟開關保持開啟，確保奇想心態。反之，不好的氛圍則會悶壞你的奇想。

現在你的想像力可能躍躍欲試，好奇心也蓄勢待發，不過，在你踏入新故事，開始冒險之前，有一件很重要的事你得先知道：要讓奇想續航，你必須明察自己所處環境中的氛圍。你周遭的環境要能夠協助你懷抱奇想去尋找魔法，反之，在錯誤的環境中，要保持奇想會非常困難，你很可能會因此卡在不上不下之間，然後又再次過著得過且過的生活。

要了解氛圍的力量，可以回想自己上次離開日常生活場景，進入一個新環境的經驗。可能是你到海邊或山上度假，也可能是一趟前往迪士尼樂園或是拉斯維加斯的旅行。無論當時的你是躺在海灘上，坐在小木屋裡眺望山嵐，或走在「地表上最魔幻」的緬因街上，這些環境都會深深影響你的態度，無論是往好的或往壞的方向。

像是在拉斯維加斯，一間賭場為了要吸引顧客進門，坐下來玩，而且玩越久越好，你能想像他們為此付出多少的努力和心血在營造氛圍嗎？

也許你是個無法忍受賭場氣氛的人，總是想要盡早離開那樣的環境，但這同時也證明了氛圍的力量，無論你喜不喜歡賭場的氣氛，它都深深影響了你的態度以及你後來的行為。

《今日心理學》雜誌曾刊登一個對空間的認知滿意度（賭場是否有符合賭客對它的期待）以及情感滿意度（賭客自身的正向情緒）的研究。研究顯示，認知滿意度較能藉由空間的動線、氣氛與乾不乾淨來預測，而情感滿意度則較能透過空間的動線、椅子舒不舒適與室內裝潢來預測。為提供最佳的氛圍，賭場會刻意設計與調控上述所有因素。

迪士尼樂園亦然，他們也特別重視這些會影響氛圍的細節。迪士尼不只是個魔幻的地方，更可能是地表上最乾淨的地方。你會看到垃圾落地的數分鐘之內，就立刻被工作人員撿起來並丟進垃圾桶裡。有一次我三歲的孩子不小心在「魔法王國」沒把垃圾丟準，一個飲料蓋掉在地上，就在她準備要彎腰撿起時，一名工作人員不僅立刻撿起垃圾並丟進垃圾桶，還蹲在我女兒面前，給她一張貼紙。哪個小孩不會想要在這種地方待越久越好？

像迪士尼這樣懂得說故事的公司，深知視覺所見、聽覺所聞、嗅覺所感，都是構成故事的元素。這個概念也融入迪士尼動畫所刻畫的角色中，像是《小美人魚》中的愛麗兒，因為看見了另一個世界，引燃了她奇想的火花與好奇，並影響了她告訴自己的故事：她想成為人類，成為陸地世界的一分子。

那《阿拉丁》呢？茉莉公主也相信在順從家族的安排之外，她一定有更多更好的選擇。她覺得自己被迫困在皇宮裡，並相信自由能讓她被看見，帶給她真正的快樂。而阿拉丁給了她逃離皇宮的機會，帶著她從魔毯上看見「一個嶄新的世界」。當茉莉公主終於嘗到渴望已久的自由的滋味，奇想被賦予了翅膀，改變了她對人生的看法，她已經不是原來的她了。

厲害的品牌都善於利用氛圍來說故事。當你走進蘋果直營店，所有和氛圍有關的事物都是創造來說故事的。店裡展示著令人驚豔的漂亮產品，雖然整間店被設計得像是藝廊，但你會感覺他們很歡迎你試用每個產品並親身感受其中的魔法。店員也都樂於提供你免費的即時魔法課程，帶你探索手中產品的可能性。這優雅的體驗並不止於對產品功能的理解，蘋果的品牌故事強大到，光是成為蘋果產品的使用者，就會讓你形成一篇關於自己是什麼樣的人的故事。

不是只有數百億資本的大公司才這麼做，小品牌也試著掌握這樣的機會。

加州的好萊塢有一幢很有名的豪宅叫做「魔法城堡」。對「魔法藝術學院」這個國際性的魔術師兄弟會組織成員來說，魔法城堡是我們的俱樂部。這個古老的維多莉亞風豪宅坐落在與好萊塢大道相隔一條街的山坡上，每晚都是人山人海，出入著許多世界首屈一指的魔術師和好萊塢名人。正如你所想的，參觀魔法城堡本身就是個難忘的經驗，這個房子裡充滿了各種機關暗門、移動書架，還有藏在角落與縫隙中數不清的魔法。

而在魔法城堡隔壁，則是相形之下不起眼許多的「魔法城堡旅館」，眨兩次眼就可能會忽視它的存在。初來乍到的你甚至不會以為那是一間旅館，因為它看起來就像一般的公寓建築，長得和這區域的其他公寓大樓沒什麼兩樣。它樸實的外觀可能有很大的進步空間，但在追求物美價廉的旅行者中，這間旅館有一群為之瘋狂不已的信眾。我自己是魔法藝術學院的成員，常常去魔法城堡，每次去我都有看到那間旅館，但從來沒在那裡住過，直到我在網路上讀到了以下這些評論。

在我寫這本書的此刻，在旅遊網站 Tripadvisor 上，魔法城堡旅館已經得到了兩千五百多個五顆星評價，總評價在洛杉磯數百間旅館之中是第六高。其中有個評論是這樣寫的：「這是我這輩子住過最好的旅館。」另一篇則說：「這大概是我這輩子所有旅行中最美好的住房體驗。」再接著往下讀，你就會發現為什麼。

有人這麼說：「我很猶豫要不要發這篇評論，如果我按了送出的話，這間旅館可能之後好幾年都會客滿。不過講真的，它值得，因為這間旅館的員工絕對會讓你重新相信人性的美好。」即便旅館的外觀不會讓人覺得自己住在好萊塢最高級的旅館，而那裡也不是窺見名人的最佳據點，但是當你被當作名人看待，感覺自己就是巨星時，故事就開始發揮它的魔法。

這間旅館的魔法中，最有名的大概就是他們的免費迎賓服務。游泳池不只是二十四小時開放，池邊還有一個被稱作「冰棒熱線」的電話，只要拿起話筒說你要什麼口味，管家就會為你送來迎賓冰棒。回到房間後想吃別的零食嗎？一樣拿起電話就可以要到巧克力、糖果、洋芋片、餅乾或爆米花，而且不是迷你版的萬聖節糖果，是完整大小的糖果棒。這個服務一樣也是二十四小時，而且免費。沒有乾淨的衣服穿了嗎？一樣是拿起電話，管家就會出現在你房間門口，提供你同樣也是免費的洗衣服務。

當你接受到這種程度的熱情款待，便營造出一種神奇的氛圍，你會感受到魔法，並改變你和自己說的故事。

圍繞著你的故事

無論是身在迪士尼樂園或賭場中，蘋果旗艦店或魔法城堡旅館裡，圍繞著你的都是能喚醒奇想的故事。但當你不在這些特別的地方的時候怎麼辦？甚至你身處在一個讓人不舒服的地方，該怎麼辦？

幾年前，我們有幸邀請一位超強的講者千陽子來「故事」研討會分享，她是一位曾經飽受病魔摧殘的音樂家及聲音技師。住院時，她注意到醫院中的聲音，包括那些儀器發出的嗶嗶聲與人聲，並發現正是這些聲音塑造了醫院的氛圍。陽子形容那環境就像是在示現著自己生命的盡頭，每一個嗶與嗶聲之間的沉默都讓她深深感到恐懼。這時，她卻勇於問了一個「有沒有可能？」的問題，更進一步改變了自己的療癒過程。

陽子和達文西一樣從觀察來發明，她發揮奇想，好奇地探索如何改善醫院裡病人的聲音體驗。她想：「要如何讓『愛』聽得見？並且創造一個更有人性的未來？」她打造了「千之聲」，一個為減輕痛苦而設計的聲音體驗。

千之聲呼應了我們在第三章提到的驚嘆的神經科學，以及奇想如何幫助身體復原的概念。千之聲透過調整聲音的方式重新設計醫院的氛圍，改變大腦告訴自己的故事，增添更多希望。請想像這樣一個連病房裡的聲音都用心設計的世界，像這樣微小的改變都能帶來驚喜，使我們處於平靜且充滿希望的狀態，不再感到害怕。而這個想像中的世界正在慢慢成真，多虧有像陽子這樣的人，了解氛圍對心態的影響有多大。

你大部分時間待的環境的氛圍，對你的奇想有深刻的影響。我和許多想要改變卻不可得的人交談過後，我發現在他們奮力地改變自己所說的故事、培養新習慣、新規律和新希望的同時，卻沒有試圖改變自己內在與外在的環境，導致他們仍處在與所渴望的未來不相符或幫不了他們的世界之中。

想要改變你的人生，卻不改變你的環境，就像是把沒有腳的愛麗兒放到阿拉丁的沙漠裡一樣，那個環境和愛麗兒的故事並不相符。或像把茉莉公主丟到海裡，沒有鰭又不是人魚的她只會溺死而已。當一個角色被放到錯誤的環境裡，只會讓她寸步難行。

你想活出什麼樣的人生故事？你有什麼抱負？是養成更健康的習慣嗎？還是增加收入？或是尋求安定？還是創造出能夠鼓舞他人的作品？抑或是堅定與所愛的人之間的連結？光靠改變環境無法做到以上這些事，但用心打造一個能輔助你未來願景的環境，能夠幫助你感受魔法並喚醒奇想。相反地，要是你把太多時間浪費在不能支持與維護你夢想的環境裡，奇蹟開關遲早會再度關上。

當茉莉公主在魔毯上遊覽世界時，她的奇想獲得了新的生命與憧憬。但早在遇見阿拉丁之前，她就相信自己的人生不只如此，她才會答應阿拉丁的邀約，去看見並觸及那更寬廣的視野。阿格拉巴皇宮的氣氛太悶，早就配不上她所相信的可能。

是時候改變觀點了，你需要什麼樣的魔毯之旅帶你一覽更寬廣的視野呢？是時候遊覽一個嶄新的世界了。

遠在天邊，近在眼前

我最出名的幾個戲法裡頭，有一個叫做「頭頂上的紙球」的魔術，雖然這名字聽起來不怎麼樣，但就如同字面上那樣，請想像以下的情境：

你正在看魔術表演，剛剛看到了神奇的讀心術和飄浮魔法。然後，魔術師徵求一位觀眾上臺，你舉手自願，雖然不知道會發生什麼事。魔術師請你坐在一張椅子上，要你將雙手舉在胸前，食指對食指。他告訴你，他要透過一個魔術道具來測試你的手眼協調能力，然後他把這個道具裝在你手上。那是什麼道具？是一捲滾筒衛生紙，你現在是個人肉衛生紙架。

現在你心裡在想什麼呢？各式各樣的情節與劇碼。你做了所有正常人都會做的事：滿腦子想著在臺下的觀眾會怎麼看你。「我看起來有沒有很蠢？現在是怎樣？等等，我需要專心，他剛說要測試我的手眼協調能力。朋友們都在臺下看著我，希望我不要看起來像個白痴啊。」

魔術師從你手上拉了一些衛生紙並把它揉成紙球，看起來他是把紙球塞在其中一隻手中。然後他問你：猜猜紙球在哪隻手裡？你猜了，但紙球不在那，那一定是在另一隻手上了。他要你再猜一次，你猜了另一隻手，但紙球也不在那。紙球被魔法變不見了。

「紙球跑去哪了？」你困惑不已，而觀眾卻大笑。「他們在笑什麼？」現在你開始分心了，你一邊試著專心觀察魔術師的手，一邊卻又不禁想著觀眾到底在笑什麼。「他們在笑我嗎？到底是發生了什麼事？」

同樣的劇情一次又一次重演，魔術師從你手上捲走更多的衛生紙球，然後它們又一一被魔法變不見。你完全不知道發生了什麼事，因為你沒聽過這個把戲的名字，觀眾也沒聽過，不過他們有和你不一樣的觀看視角。他們看到的是一個又一個的衛生紙球從你頭上飛過，像是在你眼前丟的。

衛生紙球越滾越大，你也越來越覺得難以置信，觀眾也是。但他們驚訝的不是紙球消失了，而是你怎麼會完全看不見。

坐在觀眾席上的人們會想：「要是換作是我坐在那裡，才不可能被這麼簡單的把戲騙倒。」然而，同樣的把戲，我已經在現場觀眾面前成功地表演過兩千多次。

無論自願上臺的人的年齡、教育程度，或是在哪個國家表演，遍及小孩子、青少年、大學生或是成人，以及醫生、律師等等各種職業，我都成功過。有一次甚至是一位在美國太空總署工作的人，演出後我問他在太空總署是擔任什麼職位，他是這麼說的：「系統分析師，我的工作是要抓出別人沒發現的錯誤。」

這把戲屢試不爽。

而表演這拿手把戲也教了我寶貴的一課，就是要分散人的注意力是多麼容易。誤導人是魔術表演裡最有力的招數，而這個戲法的祕密就只是轉移人們的注意力，使他們因為分心而看不到近在眼前的東西。

這把戲對剛剛坐在臺上的自願者來說尤其厲害。當他起身，走回座位，轉身面對舞臺坐下時，他就會看見在他剛剛坐的椅子後面那堆積如山的衛生紙團。僅僅是轉換視角竟能帶來如此大的改變。

我幾乎是花了一輩子在研究要如何打造能讓人們自己騙自己的表演。這樣的演出的確會帶來非常好的娛樂效果，但回到真實生活中又是另一回事。遺憾的是，我們總是太容易分神在猜想別人怎麼看自己，因而錯過真正的魔法。

當我開始要寫這本書時，竟感覺整個宇宙祭出了所有可能的手段想要轉移我的注意力，試圖阻止我坐下來好好專心寫。你遇過這種情況嗎？那些令你分心的事物是突然竄出來的，還是它們其實一直都在那裡？當然是一直都在那裡。只是當我有了一個新的目標，像是寫一本書，就意味著得面對新的風險。這時我的心智為了確保自己的安全，就會竭盡所能阻止我去做這件不太安全的事，以免之後得要面對寫不完的失敗，或寫不好而得到負評的痛苦。

我不僅需要努力專注在完成這本書的目標上，還得想辦法不要分心。有時候我得想辦法降低環境裡的噪音，像是關掉隔壁的電視，或是換個地方來遠離孩子們的打擾。更不用說手機了，不時有人打電話來、傳訊息來、推播通知，或是收到電子郵件，「既然已經在回訊息了，那也來滑一下推特和ＩＧ好了。」

你所在的環境之中，有什麼事物遮蔽你的視野，或是轉移你的注意力到不真實的故事上嗎？是時候做些環境上的改變了，特別是那些會讓你無法全神貫注在目標上的東西。別讓自己犯了和我一樣常犯的錯誤，心想：「不要去聽就好了。」你通常有辦法直接關掉讓你分心的來源，而不只是催眠自己定力夠。

找一面你能相信的鏡子

達文西曾被問到他是如何確定一件作品完成了。想想看這個情境，當你在畫《畫蒙娜麗莎的微笑》時，你要怎麼知道何時該後退一步，擱下畫筆，然後說：「就這樣，完成了。」

達文西回說，他會離開那幅畫一陣子，再透過一面鏡子重新檢視它。僅僅透過改變視角，就能看見本來看不見的東西。我可以想像他會因此又補了幾筆，直到最後從鏡子的角度看也不錯時，這幅畫就算是完成了。

你知道要怎麼讓我那個衛生紙的把戲徹底失效嗎？在鏡子面前表演。因為鏡子會提供臺上的自願者另一個視角，讓我不能再藉機把衛生紙從他頭上往後丟。若懂得善用鏡子，鏡子可以是非常有威力的。

人類已經盯著鏡子很久了，試著要看懂自己在鏡子裡所看到的世界。甚至在鏡子發明之前，我很確定人們已經好奇地盯著各種會反射的表面，或是望進彼此眼珠裡的倒影，試圖要理解自己是什麼樣的人。而到了現代，我們生活的環境裡更是充滿了鏡子。

「魔鏡啊魔鏡，誰是世界上最美的女人？」

鏡子最主要的功能就是：從實招來它面前的事物樣貌、從實招來它面前的場景環境。而多數人沒有發現的是，魔術表演中最有力的鏡子早就在那裡了，正是坐在臺下的觀眾。而事實也證明，人們是最好的鏡子，但我們仍需要確定他們是不是對的人，正如一面破碎的鏡子無法精確地反映出真實，甚至還會模糊我們的視線。

什麼樣的鏡子才能如實地反映出環境裡、我們身處的故事裡的真相呢？我們需要對的人，所以問題就變成：你讓什麼樣的人作為你的鏡子，反映你的人生給你看呢？

你日常生活的環境中最重要的面向，大概就是裡頭的聲音，這些聲音來自於與你共處一室的人，還有不時和你互動並交流訊息的人。在這日常環境中誰是你的鏡子呢？他們又告訴了你什麼樣的故事？

令人難過的是，對許多人來說，要找到對的鏡子是道難題。也許正在閱讀這本書的你是青少年，正感覺自己被關在家裡或某個圍繞著令你厭惡的聲音的環境之中。也許你感覺自己的人生像是受困於一個充滿破碎鏡子的迷宮裡走不出來，無論你往哪走，都必須要面對另一個會擊潰你奇想的聲音。

而對我們大部分的人來說，我們其實都比自己以為的還有辦法改變環境裡的鏡子。是時候大顯身手，掌握並創造你生活環境中的氛圍了。對不少人而言，就只是取消追蹤，或是拿起遙控器轉臺那麼容易。如果這些由過去的你篩選來餵養自己的聲音，此刻已經沒辦法為你營造一個能維繫奇想火光的環境，是時候做出些改變了。

據說只有兩件事能讓五年之後的你和今天的你有所不同，分別是你正在讀的書，以及你花時間相處的人。有些領導者甚至會說，一個人是五個與他相處最多的人的總和。雖然這些敘述聽起來都有點過度簡化了，但套在我身上的確是滿符合的。那些餵養著我生命的聲音們，無論是來自寫作者、社群媒體上的意見領袖，或是新聞媒體，都是創造我生活中氛圍的主要元素，再加上那些與我相處最多的人們，要不使自己成為以上這些人的總和，簡直比登天還難。

他人之所以能形塑我們，是因為人類是說故事的動物。所有我們從別人那裡聽來的故事都會影響我們說給自己聽的故事。那麼，你給了誰對你說故事的權利呢？他們會塑造你看事情的觀點。他們有好好地作一面誠實的鏡子，幫助你發現真實的自我嗎？還是他們轉移了你的焦點，更矇騙了你，導致你深陷在自己騙自己的謊言中而痛苦不已呢？你必須想辦法讓對的人圍繞在自己身邊，並消除那些只是批評而不具建設性的聲音。

這些課題我也都是費盡千辛萬苦才學會的。迄今我短暫的人生旅途上，許多成功都是拜我緊緊跟隨的導師與前輩們所賜。有時候我有足夠的智慧去分辨誰是好鏡子，進而讓自己活在真實的聲音之中。但有時候也會智慧不足，這常常也是我人生與事業最艱困且最具挑戰性的時期。沒有任何東西比錯的人更善於製造能讓奇想快速潰散的氛圍。

最近就發生了一個例子，對方是我們公司的一位商業夥伴。這個人走進了我的世界，來到我生活的環境裡，她滿懷欣賞與敬重，參與我們的工作，而我則每天沉浸恭維和讚美之中。當時正是高壓時期，我成天把自己埋首在工作和潛在機會當中，而她正好補足了我感覺當時團隊所欠缺的特質。但沒過幾個月，讚美卻變成了不間斷的批評，不再是又驚又喜，而是半信半疑，甚至是酸言酸語。我一秒搞懂律師作家鮑伯・戈夫所說的「厭世是一種喬裝成自信的恐懼」是什麼意思。

這個人成了一面破碎又不健康的鏡子，大肆破壞我苦心建立起來的工作文化。本來充滿喜悅和意義的工作環境竟變得衝突不斷，而流言蜚語等八卦更重傷整個團隊的氛圍，最後我便得做出那個艱難的決定。

如果是你，你會怎麼做？你也會和我一樣向偉大的領導者們學習：保護公司文化，讓你和你所領導的團隊在一個奇想會持續綻放的環境中工作，讓你們共同的夢想、抱負、創造力不要受傷。然而，結束一個夥伴關係如你想像中的麻煩，我們得處理法務合約、客戶關係等等眉眉角角，但當這風波過後，原先的氛圍就慢慢回來了，奇想也再度蓄勢待發要發揮它的魔法。

明察環境

好消息是若你能充分覺察自己身處的環境，你就能主動做出選擇，讓值得信任的鏡子來提醒自己正活在美好的故事中，而不必讓破碎的鏡子來定義你的真實。

是時候明察你所處的氛圍是否能呼應奇想的招喚了。如果你身處的環境所傳達出的故事——環境中的視覺、聽覺、甚至嗅覺——並不符合你想過的那種人生故事的話，是時候做出些改變了。有些人總愛抱怨自己的「處境」，卻不願意大刀闊斧地改變所處環境。如果你想打開奇蹟開關，並讓它持續開著，卻還讓自己待在會傷害奇想的環境裡，這顯然不會幫助你追尋奇想人生以及隨之而來的美好。

在體驗了魔法，喚醒了奇想之後，卻讓它被環境悶壞了，這有什麼意義？這就像為了喚醒奇想，你去看了場電影，看完後卻還是回到奇想沙漠般的生活裡，以為暫時的魔法是萬靈丹。你更應該做的是去經營並打造一個不僅能啟發更能維繫你奇想的環境。

是什麼在阻撓你的奇想？是什麼和奇想告訴你的故事相抵觸？是你每天的行程嗎？還是你的飲食習慣？是你的「朋友」嗎？還是社交網站上的塗鴉牆？抑或是你生活或工作的環境？是時候做出改變了，也許你只是該出去走走，說真的，改變環境的意思有時候只是表示你該去大自然裡晃晃了。

新鮮空氣的療癒力量

佛羅倫斯．威廉斯的書《自然療法》所提供的研究證實了出門走走不僅讓我們更快樂、更健康，沒錯，也更有創造力。不只如此，若不花點時間待在戶外，還會對我們造成負面的影響。

研究顯示大自然能提升我們的免疫力，因為大自然總是令人驚嘆且善於喚醒奇想，再加上前面提過驚嘆與奇想都對身體健康有正面的功效，所以大自然能提升免疫力，我想是不證自明。

例如，在我們體內有一種白血球細胞叫「自然殺手細胞」，它們會發送訊息給被病毒感染的細胞或腫瘤細胞要它們「自我毀滅」。研究顯示多去大自然裡走走，能讓體內的自然殺手細胞增加，而這個效果在我們回到室內之後還能繼續維持。是不是很酷？另一項研究更指出，光是森林的味道就能降低血壓，以及我們感受到的壓力，因為柏樹中的芬多精有抗菌的效果。

關於出門走走有益身體健康的研究還有非常多，最棒的部分也許是大自然對我們心理與情緒健康的影響。威廉斯還和兩位心理學家戴夫・斯特雷耶與保羅・亞其利在沙漠裡待了一陣子，研究媒體飽和的環境如何影響了人們的注意力。他們表示，人的注意力是相當有限的，而花點時間在大自然裡，能讓我們做出更有效率的選擇，也能使我們能夠專注在當下所處的情境中，而我們更可以透過徜徉在大自然中整整三天來最大化這個效果。是時候背起背包，穿上登山鞋，去山林裡走走了。

也許你安於現況只是因為沒別的選擇，切記，事情不總是表面上看起來的那樣。有時候你需要的只是改變視角與觀點，有時候你需要的只是閉上眼睛，用心去看，就會看得更清楚。你身處的環境中，有什麼事物分散了你的注意力，使你分心，使你無法看見你本來看得見的東西？空間中的視聽、嗅覺等感官又和你說了什麼樣的故事？

家裡的氣氛很重要，工作環境的氣氛也很重要，無論對你而言工作代表了什麼意義。用心營造一個能讓你的奇想持續發光的嶄新氛圍，那會是什麼樣的氛圍？

改變你的環境與其中的氛圍能改變你的一生，屬於你的奇想樂園正在等著你，當你成功創造出嶄新的氛圍，抵達你的奇想樂園時，美夢就會成真。說到成真，現在也正是時候來聊聊這件事了：我們該在何時並如何化奇想為行動？讓我們來看看該如何實踐奇想吧。

第七章
採取奇想行動
從安於現況，到充滿好奇

一九六二年九月十二日，位於德州休士頓的萊斯大學體育場上，美國前總統約翰．甘迺迪在觀眾面前說：「我們決定登月。」很多人認為這場演說是歷任美國總統所發表過的演說中最振奮人心的一個。這場演說有太多值得學習的地方，特別是甘迺迪總統如何闡述那個隨後將改變所有美國人對未來想像的故事。但為什麼甘迺迪決定要登月呢？

在這個歷史性的演說中，他也回答了這個問題。簡單來說，就只是「因為它就在那裡」。讓我們來看看以下這段節錄：

但有人會問，為什麼是月亮？為什麼要選擇登月作為目標？他們也許還會問：為什麼我們要登上最高的山峰？又為什麼要在三十五年前飛越大西洋？……我們決定登月，我們決定在這個十年內登上月球，更完成其他任務，不是因為它們很容易，而是因為它們很困難。是因為這個目標能統籌並測量出我們最極致的能力與技術，是因為這是一個我們願意接受而不願意推遲的挑戰，這是一個我們想要贏得的挑戰。

甘迺迪在演講的最後這麼說：

多年前在攀登聖母峰中喪命的偉大冒險家喬治·馬洛里，曾被問到他為什麼想攀登聖母峰，他答：「因為它就在那裡。」是的，太空就在那裡，所以我們要登上它，月亮和其他星球就在那裡，知識與和平的新希望就在那裡。正因為如此，當我們啟程時，我們請求上帝的祝福，祝福這個人類史上最艱難、最危險，也最偉大的冒險。

這在當時的確是人類史上最艱難、最危險，也最偉大的冒險，但我們真的做到了。就在一九六九年七月二十日，比甘迺迪聲稱的還早了七年，太空人尼爾．阿姆斯壯從階梯上走了下來，踏上了月球表面，那一刻有六億五千萬人同時屏氣凝神地看著，聽他說出那句名言：「我的一小步，是人類的一大步。」

近年來，阿波羅計畫又再度出現在所有美國人的視野中，再次引起了我們的興致，也重新喚起了我們的好奇心。也許也是因為太空旅行已進入了新的階段，正打開新的可能性。像是伊隆．馬斯克與傑夫．貝佐斯等百萬富翁們正在投資開發這個嶄新的產業，這個先前只有像美國太空總署與其相關子公司、附屬機關、研究機構等政府組織才能掌握的領域。但為什麼我們會如此著迷於航向宇宙呢？真的如前總統甘迺迪所說的，「因為它就在那裡」？

然而很多時候，事情不只是表面看起來的那樣。正如華盛頓郵報記者莉莉安．康寧漢在她相當引人入勝的 Podcast 節目《月升》中所揭開的，甘迺迪把人類送上月球，那振奮人心的願景背後不為人知的故事。亦如節目的官方簡介所說：「美國當年決定登月背後的真實故事。這個故事由前蘇聯『史普尼克一號衛星』揭開序幕，直到美國前總統甘迺迪接受挑戰並贏得最後的勝利——那個美國國旗立於月球表面的畫面。然而，人類登陸月球的五十年後，隨著總統文件解密且公開了當時的祕密計畫後，一個更瘋狂的故事便浮現了。」

康寧漢透過一共十三集的節目生動地呈現了這個故事背後的故事，由冷戰時期核武軍備競賽到科幻小說的誕生等等的線索中，最終拼湊且揭示了甘迺迪當初決定要登月的原因，竟和我們做出任何選擇的理由是一樣的：只因為個劇本能引動我們的想像力，啟發我們的好奇心，使我們渴望去回答「然後會發生什麼事呢？」這個問題。

甘迺迪其實沒有想要登月，至少他原本沒這個意思。當時所有記錄了有他參與的對話的逐字稿都顯示出他其實對登月興趣缺缺，甚至對美國在太空競賽中的贏面相當悲觀。但隨著康寧漢的節目逐步推演，美國拙劣的古巴豬玀灣入侵事件使甘迺迪亟需一個新的敘事——一個能夠團結並激勵美國大眾，翻轉他任期的故事。

在事件中上千名古巴流亡人士試圖入侵豬玀灣，導致多人被俘虜。直到美國政府和菲德爾．卡斯楚達成協議，最後他們在受俘長達二十個月後，於一九六二年十二月回到美國。就在他們返回美國的三個月前，甘迺迪已經喚醒了美國大眾因擔憂冷戰而熄滅的奇想，並將隨之誕生的好奇心化為行動，而這好奇心將帶領世人目睹人類前所未見的成就。

基於好奇而發現的事物常會重新塑造我們對「真實」的理解，就像所有夢想家、創新者、創造性思想家常見證的：所謂「真實」有時候僅是一種看法而已。早在甘迺迪轉移人們的焦點並重啟了美國的奇蹟開關的多年以前，科幻小說的作者們早已在說著上太空冒險的故事。那些故事之所以會被歸類為「科幻小說」，也是因為對當時的人來說，那是不可能實現的劇情。然而這些虛構的故事，隨後卻讓我們能夠以此為藍圖，真的創造出來。

我們可以從把人類放到月亮上的成就中學到什麼？作為人類最偉大的成就之一，我們可以從中學到許多。不過，在那第一時間啟發人類登上月球的好奇心與看似瘋狂的信念，還有許多值得我們深入探究的。

化奇想為行動

你記得小時候盯著天空看的那個自己嗎？我記得非常清楚，有一次我去祖父母家住，祖父進到房間並在我耳邊悄悄說：「星星掉下來了。」這句話引發了我的好奇心並把我從夢境中拉出來，然後祖父帶我下床，帶我出門。

我們躺在後院的小山丘上盯著夜空，試著確認昨晚的新聞是否準確地預測了即將降臨的流星雨。星星真的掉下來了，超酷。

很不幸的，現在很少人還會仰望星空，因為其他閃亮亮的東西，像是螢幕閃爍的畫素已經劫走了我們的好奇心，而社群媒體上的意見領袖成了我們心目中的今日或明日之星。比起自己的人生，我們對他們的故事、那些夢寐以求的人生還感興趣的多。如果我們能把同樣好奇心拿來引導自己的人生故事、引燃自己發光發熱的潛力，那會開啟什麼樣的可能？

就像我們在第四章談到想像的力量一樣，當你撥開奇蹟開關，所有和好奇心有關的開關也會一併打開。

在本書的前段我們談到了奇想的許多面向，也理解到奇想不只是一種感覺，而是一種狀態。我希望你也開始發現奇想更可以是一種生活方式，一種擁抱圍繞在你身邊的魔法及其饋贈的生活方式。而喚醒奇想、打開奇蹟開關，就是過著覺察魔法的生活，當你碰到魔法時，願意讓魔法發揮轉變的力量。

不過，這轉變會帶來什麼？這轉變會帶來好奇心的誕生。正如我朋友安伯・

瑞在一個 Podcast 訪談所說的，所謂好奇心就是奇想的行動。

截至目前為止我們討論到的奇想，都還是只一個名詞。但不管你查哪一本英文字典，都會發現奇想（Wonder）也可以是動詞。由名詞到動詞，從狀態到行動。我們從單純的驚嘆狀態，轉變為實踐好奇心的生活方式。在這樣的生活中，好奇心會要求我們把奇想的暗示放大成呼喊，甚至是一種訴求，好奇心會說：「滿足我的需求吧，否則我會讓你發狂的。」不過，好奇心有辦法被滿足嗎？

我們也談到過奇想與人生的意義與目的是相通，奇想會幫助你釐清你是「為了什麼而活」，並幫助你找出「該怎麼走」。另外，我們也了解到奇想能改變我們運用想像力的方式，減輕我們的擔憂與焦慮。然而，只有當奇想將懷疑論者從自我感覺良好的狀態，帶進現實世界，在生活與工作中創造和創新，那才是真正的好奇心。好奇心會孕育創造力，是成功解決問題的主要動力，也是奇想的力量中最具顛覆性的部分。它不只讓你作夢，更讓你做事。

無論你認不認為自己是夢想家，創新對我們每個人來說都很重要。它不只是一個商業詞彙，也不只有在建造登陸月球的火箭時才變得重要。像是很多人會以為登月的意義只在於證明人類有能力做到這件事，但事實上只是我們沒有察覺到，阿波羅計畫至今都還是透過難以想像或猜測得到的方式影響著我們的日常生活。

美國太空總署為了登陸月球所研發出的技術，不僅帶動了包括心臟監測器、心律調整器、血液透析療法、防火衣、無線供電工具、無線吸塵器等等的發明之外，還有更多其他的創新。甚至連你腳上穿的鞋子和保護你家的警報系統，都是根據阿波羅計畫中的發現而發明的。創新能改變一切，並全方位地提升我們的生活品質。

所以，在工作上創新會是怎樣？這可能是個太容易的問題，就某些方面來說是顯而易見，但要是在家裡呢？如果你帶領家庭的方式變得創新又會是怎樣？甚至你個人的創新可以是什麼？別只是安於現狀、故步自封，僅因為大家都一直是這麼做的。有沒有可能在某處有個嶄新的你正等著你去發現呢？有沒有可能你現在過的人生故事可以改變？有沒有可能……？

創新不只是那些大公司的事，各種大大小小成功的科技公司到非營利組織每天都在創新，為了要創造並打造更美好的明天。而創新也不是上天施捨給少數人的特權，無論你是《財星》雜誌公布的全球五百大企業的領導人，或是家庭主夫或主婦，或介於之間，培養好奇心，用創新的方法過日子，都能幫助你解決從早到晚面對的大大小小的問題，無論那是什麼樣的問題。

這對你來說有什麼意義呢？人們常說，解決問題唯一的辦法就是再努力一點。的確，在某些事情上，像是在領導（我認為每個人都是領導者）個人的創新上，是需要再努力一點，但有時候，我們以為自己缺乏專注力、自律或動機，其實我們缺少的是好奇心。人人都想立竿見影地解決問題，但奇想不是這樣運作的。奇想的行動就是好奇心，喚醒奇想，就是帶動創造與創新，現在就讓我們來看看這是為什麼。

好奇心孕育創造力

所謂創造力，其實說穿了只是大腦如何應對它所偵測到的問題。我們每天解決了無數的問題，卻還是有很多人相信自己「沒有創意」。

我之前有說，我很常聽到這句話，當然，大家說這句話是因為他們真的這麼覺得，不是故意要騙我。不過，這也正如我們已經發現到的事實，人常常會為了要保護自己而捏造敘事，欺騙自己。

作為自己人生故事的要角，如果我們決定這個角色是一個「沒有創意的人」，便會為自己製造出無窮無盡的藉口，讓我們不必在生活與工作中創造和創新。我們也不願意承受任何風險，畢竟失敗永遠都可能發生，所以我們小心翼翼，不願意做出任何有創意的冒險，以免自己失敗。我們誤信安分守己才是上策，最後卻只學會得過且過。

讓我再次強調，所有人都有創意。無論你如何運用想像力，你早已用它來編導生活中可能發生的劇情，即便有些沒有好結局。現在，我們把焦點放在正面、具有建設性的創造力——以創新方式解決問題，這是一種天賦嗎？我們可以自然地做到嗎？

至少這不是愛因斯坦的天賦，他曾說：「我沒有特殊天賦，只有旺盛的好奇心。」即便他自認缺乏天賦，也不會改變人們認定他是個有創意的天才這個事實。

而那些世界知名充滿創意的藝術家呢？他們的創意和才華是老天爺賜給他們的嗎？

若能穿越時空到文藝復興時期，我們會看到一個和當今社會沒什麼不同的景象。那是發明與創建日新月異的時期，也是藝術家創作出許多曠世巨作的時代。在繪畫與雕塑上極富盛名的李奧納多．達文西，同時也是知名的工程師，他的創造力讓他早在一四九六年就畫出了「飛行器」的草圖，更製造並測試它，即使最後沒有成功。

想當然耳，這個多才多藝、才華橫跨藝術與科學、又創造出那麼天馬行空作品的達文西，一定是天生就有創意，對吧？然而，根據他在日記與筆記中寫道，他認為他的創造力得歸功於後天培養出來的好奇心：

> 我在鄉間漫遊，尋找我無法理解的問題的答案。為什麼在山頂上會有貝殼，以及通常出現在海底的珊瑚礁、植物和海草的痕跡。為什麼打雷會比它的成因還持久，又為什麼我們可以馬上看到閃電，卻要過一陣子才會聽到雷聲。當石頭落入水面，水面上環繞它的各種圓形波紋是怎麼產生的，又為什麼鳥在罐子裡還能維繫生命。

我一生都在思考著這些問題以及其他奇怪的現象。

達文西的筆記本裡不只有文字，還有很多現代革命性發明的原始手稿，不只是飛機形式的飛行器，還有直升機、潛水艇，甚至是汽車。達文西是怎麼想像出這些東西來的？透過觀察、透過「尋找我無法理解的問題的答案」、透過問「為什麼」。

五百年後，尼爾．阿姆斯壯乘坐一架飛行器，一路飛到月亮上並登陸，他用這句話呼應了達文西：「神祕的事物引發奇想，奇想是人類求知的根本。」

好奇心，也就是奇想的行動，推動我們向前去探索、去尋覓，把我們帶到原先根本無法預知的境地。不需要任何特別的基因、天賦、超能力，你與生俱來那赤子般的奇想就能啟動你的好奇心，幫助你想像當下肉眼看不見的東西。

假造的好奇心

你上一次全神貫注地觀察周遭事物是什麼時候？你有仔細留意魔法嗎？記

得，魔法也存在於看似平凡的事物中。當你放任自己跟隨魔法所留下來的蛛絲馬跡，魔法就會把你帶到意想不到的地方去，你甚至會發現自己根本沒問的問題的答案，而這也許就是我從好奇心中所學到最可貴的東西。然而，在現今這個資訊就在股掌之間的時代，假造的好奇心更是猖獗。

在我寫下這本書的二〇二〇年，人們對魔術的反應就表現出了這種假造的好奇心，其中包含了一連串貌似出於好奇並以好奇心為由的疑問，但這些疑問卻無法帶你走向真正的好奇心能帶領你抵達的創意與創新。真正的好奇心是一種謙遜、對驚喜抱持開放的態度。

創造力只是大腦在回應它所偵測到的問題，無論行業，每個人都有問題得解決，也無論那個問題多麼簡單，「我們卡住了，不過還是能想出有創意的辦法來解決這個問題」，或是「填滿這空白的畫布，就能為我帶來喜悅」。

根據研究顯示，當我們在創造或創新時，腦中出現的相關化學物質會連結上一種好奇心，這種好奇心專注在過程的探索，而非答案。也就是「我很心動，想探索神祕的未知世界，非常好奇接下來能夠學到什麼」與「我得知道該怎麼辦，請直接告訴我答案」兩者之間的不同。

表演魔術讓我明白一件事，人們總想立馬知道事情是怎麼辦到的。去年是相當有趣的一年，我會在演講的同時做一點魔術表演，當我講到奇想和好奇心的價值時，人們會利用我所提到的好奇心來合理化自己想知道祕密的欲望。我會說：「抱歉，我沒有祕密可以告訴你，你得去感受奇想所帶來的『怎麼會！』而不是問：『怎麼辦到的？』」

然後人們會說：「但你剛剛才說好奇心有多好，所以我現在很好奇你怎麼辦到的。」

假造的好奇心想直接看解答，只因為答案可以緩解我們因未知而產生的焦慮。以前的人沒有這種焦慮，畢竟以前沒有維基百科。在這個資訊時代裡，指尖就能觸及所有資訊的科技，為我們製造出一種尋找答案的舒適感。然而，好奇心是擁抱神祕、探索未知，無論結果為何都樂在其中，因為好奇心沒有特定的目標、不為特定的問題尋找答案。

我們常會設定一個目標來滿足好奇心，但是當好奇心需要「被滿足」時，我不確定那是不是真的好奇心。我想，人生而好奇，因為好奇就是我們創造和成長的方式。真正的、具有建設性的好奇心源自於奇想，就像爵士樂。爵士樂是好奇心的體現。

知名的爵士音樂家路易斯．阿姆斯壯曾開示：「別用同一種方式演奏兩次。」這也許來自他個人的演出經驗。而最新的科學研究也證實，這是世界一流的建議，不過也不令人意外，畢竟他可是爵士樂的傳奇。

爵士樂雖然不是唯一在現場創作、演奏的音樂形式，但即興演出絕對是爵士樂之所以為爵士樂的關鍵。爵士樂不在乎結果，樂於在未知中冒險的精神，正是在教導我們要擁抱探索本身，以及過程中可能發現的魔法。約翰霍普斯金大學的科學家所做的研究也發現，當爵士樂手在進行即興演奏時，他們大腦中負責自我監控和抑制的前額葉幾乎沒在運轉。

以上告訴了我們好奇心的威力是什麼？

首先，我們發現，真正的好奇心能讓我們不畏失敗地探索，蓬勃的好奇心會超越恐懼，讓我們不再自我監控、抑制創造力，更勇於表達自我並提升創造力的表現。

再者，我們了解到，真正的好奇心與你即興探索的意願有關，而非只是因為想知道而在找解答。

這確實和我身為專業魔術師的經驗相符，同時也給了我靈感來回應二十年來不斷從觀眾那裡接收到的問題，也是所有魔術師都會遇到的問題：「你是怎麼辦到的？」這個問題表現出的是真正的好奇心嗎？還是只是試圖讓自己這個被資訊時代訓練出來的腦袋，不要在遭遇未知時感到不安呢？

我相信是後者。你只是為了不讓自己因為不知道答案而被「逼瘋」，才亟欲探究魔術背後的手法。但這種求知欲滿足得了你嗎？放手讓好奇心帶領你走上未知的旅程，你會不會更滿意呢？

當然，有的時候的確應該要問：「你是怎麼辦到的？」「怎麼辦」是很有力的問題，但我們必須要先重拾我們讚嘆「怎麼會」的能力，而非跳過驚喜，直接去問「怎麼辦」。

先感受「怎麼會」，再問「怎麼辦」

我發現多數人不是傾向於「怎麼會」，就是傾向於「怎麼辦」，但我們都可以在這兩個方面做得更好。

我是傾向於「怎麼會」的人，而我太太凱特則是個「怎麼辦」的人，兩者都各有潛在的盲點會限制我們的思考或誤導我們的觀點。要是沒有我太太，我很可能會因為破產而露宿街頭，不過相信白天我就會出現在某個街角，手裡拿著一副撲克牌，準備好要讓路人的想像力馳騁，然後要求打賞來還債。

實際上，身為一個「怎麼會」人，我很容易看不到一個計畫裡關於「怎麼辦」的部分。而凱特和我團隊裡的其他人，學會了如何適當地銜接起怎麼會的驚奇與怎麼辦的做法，他們增進智慧、完成計畫並負起責任。我們也共同營造出充滿好奇心的工作文化，讓我們能適時地感受「怎麼會」，也會好好地問「怎麼辦」。

不過情況也不是一直都是如此的。我們剛結婚時，有時候我會突然有個新點子，像是洗澡或是開車開到一半，在任何地方點子都會「擊中我」。

以前常常是這樣的：

一個點子從天而降，而我第一時間的反應通常是：「這真是太有才了！」不過那點子真的很有才嗎？不，通常不是，只是當下感覺是而已。每當點子出現時，我很自然地就想要馬上分享，通常凱特就在旁邊，所以她常常是我分享新點子的第一個對象。

「嘿，寶貝……我有個超有才的點子，你準備好要聽聽看了嗎？」

「喔，那是什麼？」她會這麼說，但不會把注意力從手上的工作中移開。

「好，有沒有可能……」我會和她分享點子的內容，就像馬戲團經紀人P. T. 巴納姆熱情地站在帳篷外，要所有人來感恩魔法、讚嘆魔法。那她會說什麼呢？

「哇！也太天才了吧！每次聽你講點子，都再次提醒我為什麼會嫁給你！」

真的嗎？不，當然不是。她是個「怎麼辦」人，倘若沒有刻意營造出充滿好奇心的環境，她是絕對不會那樣回應的。

在她回話之前，會先抬起眉毛、瞇起眼來，然後看我們人在哪裡，可能會把手插腰，來了，那句，「怎麼辦？」

不要誤會，她不會只回我一個怎麼辦，但通常那就是第一個問題。「你要怎樣做？」「這怎麼可能會成？」「這怎麼可能發生？」

當一個點子太快遇到「怎麼辦」，它就無法再翱翔，這時奇蹟開關會關閉，創意與創新會急停並發出刺耳的煞車聲。

你曾經遇過這樣的狀況嗎？你非常興奮地要和家人或團隊分享一個想法，卻沒有得到你期待的：「哇！聽起來超棒！」只得到一堆怎麼辦、怎麼可能和一長串的勸告，說你的想法為什麼不會成。

很多偉大的點子來不及見天日就見光死，都還沒來得及呼吸到新鮮空氣。即便那些點子有再大的潛力，但要能實現它，就得讓它在遇到「怎麼辦」之前，先充分感受「怎麼會」。

我們魔術師有自己獨特的創作過程，其中一個重要的環節就是「不跳脫框架」思考，因為我們根本就沒有框架。我們的創作常常沒有任何限制，因為魔術的藝術就在於它能讓任何事情發生。我們會先想像要創造出什麼結果，然後才去想該如何實現它。也就是說，我們從「怎麼會」下手，然後再想該「怎麼辦」。

偉大的領導者、創造者、家長、伴侶，所有偉大的人類都得學著適時地驚呼「怎麼會」，也適時地探問「怎麼辦」。我們需要學會在對的時間做出對的回應，像是結婚十五年後的現在，凱特已經懂得讓我的夢想遨翔，而也多虧了她，我才懂得計畫的重要性。

一個計畫若沒有「怎麼辦人」是不可能達成的，因為他們才答得出「要怎麼辦到」這個問題。「怎麼辦人」擁有預見未來、看見潛在麻煩的能力，若能適時且適度地運用在創造與創新的過程中，這些都是相當珍貴的超能力。想要成功，

「怎麼會」和「怎麼辦」兩者缺一不可。

我相信平衡兩者的技巧是讓創新過程裡「怎麼會」的部分多喘口氣，不要太快進入「怎麼辦」的討論。這得仰賴我們開啟覺知，特別是去察覺自己說話時的用詞，以及當下處於創新過程中的哪個階段。記得，先「怎麼會」後「怎麼辦」。

對大部分的人來說，每當我描述完「怎麼會人」和「怎麼辦人」的差別之後，都能立刻知道自己屬於哪一種。了解自己是哪一種人能幫助你善用自己天生的優勢，把自己的超能力發揮到極致。但萬一你不知道自己是屬於哪一類，線索就在你說話的方式之中，這能幫助你定義自己在創新過程中的角色和發揮方式。

「怎麼辦人」發言時，常會聚焦在找出一件事不會成的理由之上。再次重申，這樣的說話方式若基於適當的理由並適時出現的話會非常有幫助。但太多時候「怎麼辦」只是拿來防衛我們在奇想和好奇中感受到的威脅性，像是你可能會聽到別人或自己這樣說話：

「我不知道，但要是……」

「但規定我們還是得遵守……」

「我不確定我們該不該質疑……」

「事情不是這樣的……」

「這有點不切實際……」

「之前誰誰誰試過了……」

「之前他們有說不行……」

「那太麻煩了啦……」

「我們應該沒辦法……」

「是啦，但……」

你有發現以上這些問題都有個共同的主題嗎？這些問題都專注在某件事之所以不可能的原因。因為奇想會讓安於現況的我們感受到威脅性，大腦就會殺出來找藉口要你謹慎行事。安分守己總是比興風作浪容易。

「我不知道，但要是……」是沒錯，我們本來就沒辦法預先知道一切，但不應該因此就不去嘗試。我們本來也不知道要怎麼登陸月球，但我們還是決定要試試看，只因為我們仰望天空並讚嘆：「哇！我們有沒有可能登陸月球？」然後再一路兵來將擋水來土掩。這時候應該把規矩丟到一邊，應該去質疑權威，即便這些想法真的超不實際、從沒有人這麼做過，還要聲稱自己辦得到。

你能想像美國太空總署的領導人告訴甘迺迪：「抱歉，這實在太困難了。」但甘迺迪的團隊找到了辦法，並由繼任的約翰遜接棒呢。

如果你發現自己會不由自主這樣說話，我想與其試著改變你的原廠設定，不如試著換個方式問你的怎麼辦問題。停下來問自己：「怎麼做才能讓我更有創造性，而不具毀滅性？」通常只需要將你的「怎麼辦」問題轉換成更開放性的「怎麼會」語言。

比起用「那不可能，因為……」來回應一個新想法，改問：「……有沒有可能會發生呢？」這樣的問題會讓對方停下來思考：「沒錯，那的確有可能會發生。」讓討論繼續進行，正在打造中的解決方案才得以繼續發展。

還有其他的方式，像是：「你能想像要是……發生了，該怎麼辦嗎？」或是前面談到的那個我最愛的起手式：「有沒有可能……？」「有沒有可能」是一個威力十足的問題，它不僅能讓想像力開始擔心負面後果，也能為我們打開正面的可能性。

當好奇心被奇想威脅而沒辦法運用創造性思維時，不妨仔細留意一下自己說話的方式，這能幫助你能重回創新的討論中。培養出對說話方式的敏感度後，下一步就是觀察自己是否有在適當的時機說出「怎麼會」和「怎麼辦」。這就像手法高超的魔術把戲一樣，時機是關鍵。

我們必須學著給「怎麼會」舞臺，才能藉奇想來創造與創新。

我常推薦領導者把會議分成兩種：「怎麼會」會議和「怎麼辦」會議。如果你團隊裡有個固執的怎麼辦人，總是愛揭新點子的瘡疤，有時候乾脆不要讓他們參加初期的腦力激盪會議還比較好。我們需要創造出一個讓新點子安全不受限的環境，讓什麼都不奇怪的創意彼此激盪。

先「怎麼會」再「怎麼辦」的觀念不只適用於工作場合，也適用在家裡與伴侶的相處或朋友間的互動，在親職教養上尤其適合。如果你天生是個怎麼辦人，下次當你同事帶著一個大膽的願景來找你串門子，或是寫信給你時，記得，讓「怎麼會」喘口氣。當你十歲的女兒告訴你她以後要當個女總統時，讓「怎麼會」喘口氣。別讓曾經熄滅你奇想的東西再去熄滅你身邊的人的奇想。下次聽到有人分享自己的夢想或只是個小小的點子，找到其中的「怎麼會」，把它說出來，讓奇想喘口氣，之後多的是時間來問怎麼辦。

如果你天生是個「怎麼會人」，你得和那些需要周延計畫、按圖索驥才會認同一個想法的人建立良好的關係。也請你理解他們的需求，並不是你的點子不好，他們才會如此反應，事實上，你有許多可以和他們學習的地方。如果你寧可想說「這怎麼可能會失敗」，看來你的生命中真的很需要一個怎麼辨人，不然人生應該不會太順遂。也許你會覺得這種人總是在掃你的興，也請學著保持自己的奇蹟開關打開，持續在別人只看得到危險的地方看見轉機。這兩種人需要彼此，一加一會大於二，合作遠勝於單打獨鬥，結盟就能一起達成登月般的成就。

登月等級的成就

也許你想打造那個你夢想中的事業，也許你想踏出舒適圈去發展一段渴望已久的關係，也許是時候要求加薪或升遷，讓你能更稱職地完成自己活在世上的使命與意義。屬於你的登月等級的成就是什麼？你渴望完成或成為的是什麼？

我希望你的好奇心已開始壯大，開始超越對未知的恐懼。如果還沒的話，要怎麼再加把勁呢？當奇想正在漸漸重啟時，要怎麼讓奇想持續運轉？要如何再更積極主動地觀察周遭的世界？你上次忍不住發出「哇！怎麼會！」的驚嘆是什麼時候？

到目前為止，我對我們身處的資訊時代都沒什麼好評，但其實資訊時代是有一大堆優點的。就像大多數的事情一樣，重點是要找到平衡。資訊時代裡，那些會讓你瞠目咋舌的影像和故事就在一鍵之遙。你上一次跟隨自己的好奇心，掉進兔子洞夢遊仙境是什麼時候？

愛蓮娜・羅斯福曾說：「無論我幾歲，我都無法安於袖手旁觀。我們必須生活，必須充滿好奇心地生活。無論如何，一個人絕對不可以放棄生活。」也許正因為她如此重視好奇心，才會讓羅斯福女士又這樣說：「在一個孩子出生時，一位母親如果能要求神仙教母賦予這孩子一樣最有用的禮物的話，我想那個禮物會是好奇心。」

如果我們開始試著常保持赤子之心就會發現，讓生活充滿好奇心是多麼容易。沒有人告訴孩子們要怎麼對事物好奇，孩子生而如此。沒有人鼓勵嬰兒去觀察生活周遭，我們天生就懂得探索世界。好奇心不會消失，正如奇想也不曾離去，奇想只是熄滅了或睡著了，讓好奇心也陷入了昏迷。

你放棄生活了嗎？有人用質疑毀了你年輕時的驚嘆，偷走了你最有用的禮物嗎？如果是的話，現在還不算太遲。只要喚醒你的奇想，好奇心也會跟著甦醒。接著，你必須打造一個能讓奇想續航的環境。肯．羅賓森爵士曾說：「創意不是什麼可以注射進血液裡的東西，你得打造一個專為好奇心設計的環境，和鼓勵人們發揮自己極致的方法。」好奇心的確是有能力推動你登月球的火箭，但它要能夠續航，否則飛到一半就沒燃料了。

登月需要對的態度與對的氛圍，所以你得在對的環境裡維繫你培養出來的奇想心態。這兩者的合體會讓你所向無敵，帶你到達意想不到的境界。

第八章

寫一篇好故事

讓生命充滿魔法的五步驟

經過前面的章節，我們發現到有千百種原因會使我們告訴自己不真實的故事，而這些不真實的故事又是如何形成敘事，影響你的信念和價值觀，進而改變你的習慣和行為。一旦你開始明白這點後，就很容易會發覺到，其實所有問題都是沒把故事說好的問題。

在閱讀的過程中，我們也了解到奇想如何助幫你擁抱新敘事與新心態，並打造出新氛圍，而這一切都將帶領你寫下人生故事的新篇章。

這個踏上新篇章的過程，我想把它叫做「寫好故事」之旅，接下來我會手把手帶你走過這五個步驟。同樣的方法我們也用在團隊輔導與導師心態學程中，來幫助人們喚醒奇想，過著他們本來就該過的、魔法般的創造性人生。

開始之前，有一件很重要的事你得先知道。我們以寫好人生故事為目標，並不是說你之前都過著不好的人生，你的人生只是還沒完整而已。

在這本書的開頭，我就介紹了「翻轉地圖」，也提到了「所有改變都是由舊故事往新故事推移」這個概念。現在，我們再次回到這張地圖，你感覺自己正位於地圖中的何處呢？

請記得，正如序章討論過的，一個人的生命中有各式各樣的敘事，而且不同的敘事可能處於翻轉地圖上不同的位置。藉由了解某個敘事中轉捩點所扮演的角色，你就能看到創傷是如何讓該敘事走向破碎的。不過同時，其他沒有創傷發生的敘事就比較不會受影響。

簡單來說，這就像是你會因為曾經差點遭遇空難，或是近距離目擊了九一一事件而不敢搭飛機，不過，開車上高速公路卻不會讓你感到焦慮。這樣的狀況並不受統計數據影響，就算搭飛機其實比開車還安全。經歷過九一一事件的創傷，會影響到一個人對搭飛機這件事的觀感，但因為開車敘事沒有經歷過創傷，所以不受創傷經驗影響。若你也曾經發生過車禍，那當然就另當別論。

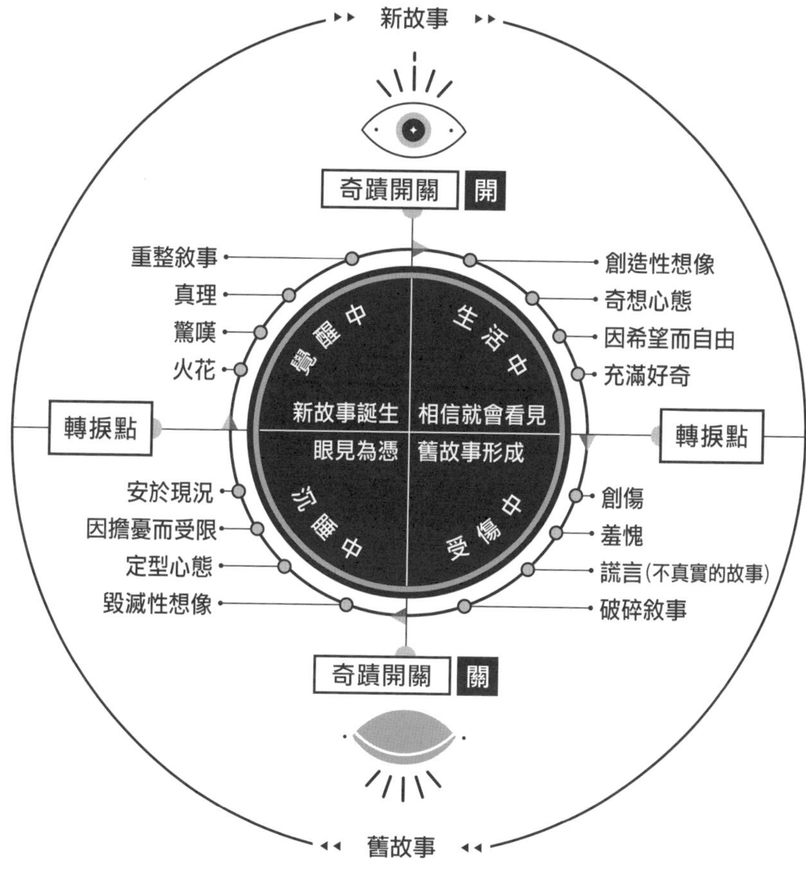
新故事
奇蹟開關
開
重整敘事
真理
驚嘆
火花
創造性想像
奇想心態
因希望而自由
充滿好奇
覺醒中
生活中
新故事誕生
相信就會看見
轉捩點
眼見為憑
舊故事形成
轉捩點
沉睡中
受傷中
安於現況
因擔憂而受限
定型心態
毀滅性想像
創傷
羞愧
謊言(不真實的故事)
破碎敘事
奇蹟開關
關
舊故事

截至目前為止，你經歷過的所有故事中的各個面向都形塑了今天的你。若你遺失了奇思而沒過著該過的正版人生，是時候做些調整了。你得讓自己的故事回歸正軌，而接下來這五個簡單的步驟將翻轉你的人生，幫助你從千瘡百孔的偏頗敘事中，一舉寫下充滿意義、目的與希望的人生新篇章。然而，簡單的步驟執行起來並不簡單，通往療癒的旅途可能充滿挑戰。不過，這是一條我走過的路、也還正在走的路，我跟你掛保證，努力一定會值得的，新篇章正等著你呢。

第一步：覺醒

如果你已經把前面章節都讀完了，那麼第一步應該在你的意料之中。翻轉人生故事的第一步當然就是要先覺醒，從沉睡中醒過來，也讓你的奇想醒過來。這本書裡的字字句句都想把你拉拔到一個你會拒絕走回頭路的境界，一個你會找到勇氣不再得過且過的境界，一個你會決心不再放水、不再安於現況，以免再次錯失魔法的境界。天注定你要過得更好，現在你既然醒過來了，就昂首前進吧，路途上記得仔細留意會引燃奇想的魔法並全然地活在當下。

現在聚焦在當下的你，有感覺到什麼嗎？請試著用正念去覺察，不管這叫正念還是內觀或什麼的。你覺得痛苦嗎？還是感到煎熬？你為什麼會感覺到這樣的煎熬？煎熬背後的敘事是真實存在的嗎？還是你在擔心？或焦慮？還是恐懼？是那種會告訴你有用訊息的健康恐懼嗎？還是其實是想像力的黑暗面在作祟，讓你擔著無謂的心？

如果寫下你現在的感受會有幫助的話（通常是會的）就寫吧。拿一張空白紙，或是打開你的日記本，找一隻筆把你的苦痛、懼怕、喜悅都寫下來，然後想想看這些想法是從何而來，養成定期這麼做的習慣。請想像自己是個在發想故事的編劇，把和主角有關的所有細節都寫下來，盡你所能地對主角有通盤的了解，不管這些片段之後會不會真的出現在劇本裡。截至目前為止你人生所經歷的故事，是如何塑造並養成了現在的這個你呢？從已知的部分開始吧。

記住，這並不是一蹴可及的一步。這是個需要不斷反芻的過程，有的人要花上幾個月，有些人則是幾天。開啟奇蹟開關可能會成為你生命中一個重大的覺醒時刻，而後我們得更有覺察地活在當下，以維持奇想運轉。實際上，奇蹟開關是可以調亮度的開關，可以全開全關，也可以調亮調暗。

處於這樣全然覺醒、覺知的狀態中，能讓你用前所未有的觀點來看待事物，使你重新發覺自己想成為什麼樣的人、又有什麼樣的抱負。許多人雖然努力朝著目標前進，但卻總是卡在半路，這常常是因為他們跳過了這個覺醒的第一步。

第二步：追求

你一生的目標或使命是什麼？你的夢想是什麼？對很多人來說，這是很難回答的問題，會有這種狀況，和奇蹟開關是否開啟常常脫不了關係。因為我們傾向只去追求我們認為可能的事情，即便「相信就會看得見」，但有的時候就是很難跳脫當下的處境。不過，當你的奇想讓想像力越是活躍，而你的奇想心態越是成熟時，這一步就會變得更加容易。

因為工作的關係，我每週都會遇到些已經放棄夢想的人，或因為過去曾經受過傷，讓他們的奇想與勇氣不足而沒去追夢的人。我遇過夢想要寫書的人、想拍電影的人、想學攝影或繪畫的人。有些人則是雖有財務上的目標，卻感覺自己無望達成，像是想把債務還清，或是想存夠錢來組家庭、送小孩上大學、辦場婚禮，或是踏上那個大半輩子夢寐以求的旅行。更有許多人的夢想單純得多，卻因為破碎的敘事而讓他們以為那些憧憬遙不可及。他們有的只是想要有勇氣去搭這輩子沒搭過的飛機，度這輩子第一個假期，或是去找住在別州的朋友。甚至有人的夢想是鼓起勇氣去和深愛已久的對象表達自己的心意，也有人渴望能得到那個一直以來都覺得比較適合自己的職位。

也許你對以上這些夢想都沒什麼感覺，也許你還是覺得很難去嚮往什麼。如果是這樣的話，那也沒關係，給自己一點時間。當你不斷重溫書裡的這些觀念，繼續設法寫好自己正在過、也在說的故事，你就會越過越順，因而更加敢於作夢。這本書大部分的篇幅都在強調人生的可能性絕對是超乎你想像，但從作小夢開始也沒什麼不好。我曾對那些夢想太小的人沒耐心，但我後來才懂了，有時候我們需要先爬上小山丘，才能看見後面更高的山峰。

如果把這一步套在專業編劇寫劇本的流程裡的話，這個練習就是在透過結局來回推故事內容。這個角色定下了什麼目標？他想在電影結束之前達成什麼？他在這個過程中會經歷什麼？在這時候先不需要擔心故事主角在途中會遇到什麼困難，可能會遭遇怎樣的痛苦煎熬，之後多的是時間慢慢想。這時你需要的是把結局放在心裡，但別讓結局限制了故事的推演。

當你一邊專心想著自己的夢想與追求時，記得也一邊把它們寫下來，寫下來會讓你感覺更踏實地和自己一言為定。不過在寫的時候請注意用詞，例如，與其寫：「我想跑馬拉松。」不如寫：「為了明年的馬拉松，我要開始訓練自己。」如果你想讓自己零負債並存一筆緊急基金來達到財富自由，與其說：「如果我可以把債還清，我要……」不如說：「當我把債還完，我要……」不要用「如果」，而是用「當」。這個練習在你越接近終點線時越有效。你也可以在腦中放映達成目標的畫面：抵達馬拉松終點線時的那一幕的模樣、你怎麼舉杯、怎麼慶祝、怎麼發表感言、怎麼擁抱你的親朋好友……拼湊出那幅景象來。

願景畫面再配上圖說是大腦動工配置新迴路的入場券。修正用詞會調整你和自己說的故事，奇想心態便以此能為你搭建起新的神經迴路。越是用心鑽研，這個練習就會越有效。

例如，如果你想達成體重控制上的目標，與其寫：「我想減肥。」不如寫：「我要重新掌握自己的健康，所以在接下來的六個月我要揮別十磅。」先訂出目標，再列出能精確測量的細節。而「我想減肥」這種寫法，我不知道你是怎麼看的，但要是我的話，「減」像是在說我遺失了什麼，得再把它找回來才行。我不想要「減」肥，不然我的潛意識會在我不知情的情況下把我遺失的肥肉找回來。我不是遺失了那些體重，我想要的是揮別那些體重，再見，而且再也不見。

你是否看出有時候寫法真的需要微調一下？

寫下能精確測量的目標，則能為心中的期許，繪出歷歷在目般的標地。讓奇想作你的嚮導吧，讓你的嚮往越來越大膽，好像沒有什麼是不可能似地來到「怎麼會」的奇想樂園。

各言爾志時先別停下來問「怎麼辦」，因為這質疑會讓想望窒息。現在你眼前的是轉機，還是危機呢？如果你發現自己正因為各種可能失敗的原因而分神的話，就表示你又不小心落入怎麼辦的陷阱了，請告訴自己現在還不是想這些的時候。

去吧，放肆你的想像吧，你定下了什麼抱負又立下了什麼志願呢？

第三步：校準

你已經放手任奇想奔放了一陣子，探索了各種可能性，並寫下了你想達成的目標，然後呢？接下來就是真正要來寫故事了，是時候讓「你告訴自己的故事」一去配合「你想過的故事」了。

現在看看你手上的願望清單，如果你寫了一堆，太棒了！先專注在其中一項吧。如果你願意，也有辦法的話，大聲唸出你的願望吧。

然後問自己這個魔法般的問題：為了要達成這個目標，你得先讓自己相信什麼？

如果你現在抱持的觀念不符合達成目標所需的信念，是時候做點什麼了。也就是說，如果你現在眼中的自己與既有的能力，和你想過的人生故事搭不上線的話，就得改寫一下你告訴自己的故事了。

養成新習慣、培養奇想心態、營造環境氛圍，這些都是你手中握有的改寫故事神器，同時也是寫好故事之旅的核心，因為這些法寶能讓你體驗到被心理學家稱之為認知失調的魔法。

以下是一些有用的問題，幫助你讓自己的信念跟上新願景：

你現在正專注在什麼事物上？有被分心嗎？或是有什麼在誤導你的心思嗎？

你關心的是自己不要什麼，還是自己想要什麼？

那個過去曾傷害了你的奇想，現在需要你去了解和療癒的是什麼？

對你來說，往事是以什麼方式一幕幕地重現在當下？

你喪失了活著的目標和意義了嗎？如果是，它是否也讓你不知道該怎麼走下去？最重要的是要能重返有目的與意義的生活，為此你得做出什麼樣的改變呢？

在專業編劇的寫作過程中，這個階段是在深入探討角色內在的問題，與他身處的環境所帶來的外在問題兩者之間的關係。我的客戶裡有壓倒性的多數人是為了外在問題跑來找我們，然後才體認到他們所面對的問題其實是個內在問題。就像我有時候會為我的行為找藉口，誤以為這些狀況不在我的掌控之中，但其實只是我自己捏造了一個和既有想法相符的敘事，無論它是真是假。而這樣的行為則是試圖證實舊有信念的大腦所製造出來的。

你可能會發現自己正朝著從沒有預料到的方向在前進，沒關係，因為無論要去哪裡，第一步都是離開原處。

前面這三個步驟都是設計來幫助你釐清現況用的，同時也是所有懂得說故事的人會不斷進行的工作。一旦撥雲見日、視線清晰時，就可以繼續我們創造的旅程。因為在看清現況前，我們很容易會感覺卡住或不確定接下來會是怎樣。所以記得把那個所有巨作都在問的問題放在心上：「然後會發生什麼事呢？」

第四步：問責

人類是群居的動物，生來要過著與彼此緊密連結的日子。當你已經順利釐清自己需要做出什麼樣的改變，並開始著手協調舊故事與新故事，接下來便是讓他人來幫助你堅定使命的時候了。

這個階段裡最重要的事是重新評估你和他人之間的關係。誰是你生活中的關鍵人物？誰是你歸屬感與愛的來源？你的人生故事不該是一齣獨角戲，雖然也不是不可能，但要獨自一人寫好故事是非常具有挑戰性的。在關係中我們會受傷，但關係也會療癒我們。

你能想像路克・天行者得要一個人拯救宇宙嗎？星際大戰系列要是少了整個班底還會好看嗎？韓索羅、丘巴卡、R2-D2、C-3PO，他們只不是來搞笑的，路克的旅程需要他們。他們不僅讓路克獲勝，更堅定他的使命。即便在他們都還沒出現的時候，路克也有尤達來引導他達到全然的覺醒與覺知的境界。尤達一路上都在提醒路克他是什麼樣的人，有什麼使命要達成。

寫好故事的旅途上，與他人的關係將成為支撐你繼續走下去最主要的力量。許多人會因為在夢想實踐之路上停滯多年，所以來參與我們舉辦的導師心態學程。令人欣喜的是，在參加完過沒多久之後，他們常常就能解鎖成就，甚至有時候花不到幾個月的時間。這就是釐清現況的立即成效，透過問自己「然後呢」一並走過療癒與一致信念的艱難歷程，更讓一小群物以類聚的隊友來支持你完成目標。

你人生故事的班底有誰？你打算邀請誰加入你的奇幻旅程？誰會在你寫好故事的過程中堅定你的使命？誰是那面會真實且精確的反映現實的鏡子？用智慧來做選擇，齊心協力遠勝於單打獨鬥。

第五步：實現

最後就是等待已久的這一步了。你已經營造了一個讓奇想覺醒的新生活，並全心全意活在當下，也開展了望向生命新版圖與新自我的視野，還調整了告訴自己的故事來配合新方向，更建立了支持小團體並擔負起自己的使命。寫好人生的故事就只剩下一步一腳印地去執行了。

是時候起身去達成目標了，是時候正面迎擊那些總會找到縫隙鑽進你故事裡的麻煩，更要練習感謝麻煩，因為現在所做的一切都是在預備未來。挑戰會來，一定會來，但在每次的交手後，你不只能達成目標，還能得到智慧、意義、喜悅與更多的收穫。

在揭開往事後，我們常會以為只有偉大的解法才能搞定自己面對的龐大問題。這是常見的迷思、一個愚弄了我們的把戲。大問題得用一步一腳印的小辦法來解決。鞋子裡的小石頭常令人感覺是個大問題，但等你把小石頭倒出來，就會發現要讓自己感覺天壤之別有多麼容易。一個小石頭就能產生大漣漪，透過健康的習慣、好的態度及心態來持續一點一點地做，遲早會抵達夢想的仙境。而你也將意識到自己的力量並善用它來寫好自己的故事，寫下更美好的人生。

步伐之間

在由奇想帶領你脫離舊故事，大步邁向新故事的過程中，難免會卡在「已經離開」與「還沒到達」之間一陣子。別為此氣餒，這個叫「閾境空間」的過渡期可能很亂七八糟，但也可以很美麗，不上不下之間也有魔法。

我是在和一位朋友約翰．布契爾聊天時才知道這個概念的。一天晚上，開車在州際公路上的我突然對現況一陣感慨，明明已經遠離了舊故事，把往事拋諸腦後，也準備好要踏入新階段。我很顯然是刻意打造了一個新版的自己，為了要朝人生影集的下一季邁進。奇蹟開關大開讓我看見了新的可能性，我也迫不及待想要去實踐它。

然而，新故事卻沒個影子。也許只是還沒，我卻感覺它永遠不會發生了，我好像卡住了。不過在我語帶煩躁且不耐地描述這個情況給約翰聽後，他用不停散發著愉悅的口吻笑著對我說：「哎呀，哈利斯，沒事的啦大哥。你只是處在閾境空間中而已。我替你感到十分興奮。」

「不好意思，你剛說什麼空間？」我從沒聽過這個概念。在約翰從建築的角度到靈性養成的觀點來跟我解釋閾限的概念後，我才開始明白為什麼我會感到不安。當你處於舊故事與新故事的交會處，因為不知道自己現在身在哪個劇情裡，所以會感覺一片空白，好像漂浮在半空中般的不踏實，只想抓住任何一絲線索來得到點清晰的真實感。

事實上，身處閾境空間時就是我們的成長期，所以約翰才會為我感到興奮，所以我現在也懂得欣賞不上不下的時期。這是一個蛻變的過程，正如那句老話：重要的是過程，而非結果。

從奇想被喚醒的那一刻起，你便開始有了不一樣的視野。奇想把我們拉到新的高度上去開拓新的旅程，不過這些旅途不一定隔天早上就到得了。因為一路上你不會太清楚下一步該往哪走，所以你還是可能會被卡在半路上。然而，奇想所賦予的最獨特的能力就是讓我們迎向未知，擁抱不上不下之間的魔法，時時活在當下的劇情裡，並相信戲繼續演下去會照你期待的那樣轉折。當一扇門關上，但另一扇門還沒打開時，你會感覺自己像是被困在走廊上，這時你得抓緊希望。

希望常被定義為一種期待某件事會發生的感覺，因為希望不只是許個願，希望是積極的期望且等待著自己所追求的事物會有成真的一天。奇想能催生新期待，新期待則要有希望來提供源源不絕的燃料，不僅是許一下願。許願能為你帶來短暫的樂觀噴發，但奇想與希望的合體才有無敵的力量。

當你發現自己處在新舊之間，感覺自己快滅頂時，這個魔法般的合體技會幫你活下來。我說真的。以下這個在一九五〇年代做的可怕實驗，會為以上內容提供最佳的註解。

約翰霍普斯金大學的庫特・李希特教授用野生和畜養的老鼠，以及一些裝了半滿水的罐子做了一個實驗。因為好奇老鼠為了求生會在水裡掙扎多久，所以他把一打的老鼠放進罐子裡，然後觀察牠們溺死前的情況。《今日心理學》期刊是這樣描述第一隻實驗室老鼠的求生歷程：「第一隻老鼠，」李希特記道，「奮力地在水面游了一下子，然後潛入罐底，試著用鼻子沿著玻璃壁探勘是否有出去的路，最後在兩分鐘後溺死。」

接下來兩隻則是經歷了幾乎同樣的過程，掙扎了差不多久後溺死，但再之後的九隻老鼠呢？牠們在水裡游了長達幾天的時間，最後自然同樣是放棄掙扎然後溺死。那野生老鼠的狀況如何呢？野生老鼠是「出了名的會游泳，尤其是李希特抓到的那些更是兇猛且好鬥」，然而實驗結果卻出乎意料。

隨著一隻接著一隻的野生老鼠被丟入裝了水罐子後，每一隻都在數分鐘之後溺斃，全部三十四隻皆如此，沒有一隻例外。

這個非常暗黑的實驗在我腦中揮之不去。

在我讀到這個實驗時心裡滿納悶的，因為我可能和現在的你、當天在實驗室裡困惑不已的李希特都在想著同一件事。為什麼那些畜養的乖老鼠會掙扎數日，但野生老鼠卻馬上就放棄了呢？

答案是希望。

李希特寫道，「對這些野生老鼠來說，牠們生存的處境不只是一次性的戰鬥或逃跑就能克服的，更像是一個無能為力的狀況……當這些老鼠們處在一個貌似沒辦法抵抗的情境中……牠們就會直接『放棄』。」

不過這個研究並不止於此，李希特又用更多的野生老鼠做了另一個實驗。在這個實驗中他同樣把老鼠丟到裝水的罐子裡，但就在牠們就快要溺斃的時候，把牠們救出來。他會把老鼠從水裡撈出來、放在手上，然後安撫牠們，再把牠們放回水中。透過這樣的方式告訴老鼠們，牠們的處境並沒有那麼絕望。

我好愛《今日心理學》為這個實驗的最後一部分所下的結論：「這個小小的插曲，造就了大大的不同。這些有暫時被救出來的老鼠在被放回到水裡後，比沒被救出來過的老鼠還掙扎了久非常多。而這些老鼠們被救出來不久後，也會幾乎馬上就恢復正常。當老鼠發現到自己不是死定了、情況還不至於完全沒救、說不定接下來就會有人幫忙了的時候，便有了繼續掙扎的理由。所以牠們沒放棄，沒乾脆沉下去。」

李希特用這句話總結：「減少無力感後，老鼠就不會死。」

記得《海底總動員》裡多莉的名言「繼續游就對了」嗎？多莉這個充滿奇想的角色想必也不是碰巧如此，她像是住在大魚身體裡的嬰兒一樣。而那無趣的小丑魚馬林呢？不只是缺乏奇想，馬林永遠都覺得希望渺茫。多虧有多莉的奇想和希望讓牠們繼續游下去。

而人類是一種獨一無二、在呼吸吐納間不斷的在尋找意義的生物，和魚、和老鼠都大不相同。我們也是唯一會藉由說故事去找出、去「創造」出我們所追尋的意義的生物。

擁抱怪怪的自己

為了要尋找意義，人類成了說故事的動物，然而卻也同時使我們容易陷入謊言與幻覺的騙局中。我們費盡心思尋覓著人生的意義，必要時還能合理化自己奇怪的行為，然後說服自己人生本來就是如此，卻得不到明明最迫切渴望的歸屬感。

我們追求的是意義、目的、愛與歸屬感這四件事，而正是對這四件事的渴求會使我們做出奇怪的事，你說是吧？不過關於過個奇想與魔法的人生，這裡還有另一個祕密：你必須和那些會讓你變得怪怪的事物和平共處。

在這個每個人都在作秀、忙於打造門面、管理形象、規畫社交平臺上內容的世界，我們太常遷就於輿論壓力而決定安於現況。對歸屬感的追求讓我們變得平庸，但當一個「正常」人就表示我們得和其他人一樣地融入人群之中。

但你和其他人不一樣，沒有任何人和你一模一樣。你可能想過要做自己，但這個世界卻告訴你你應該要是別的樣子，所以你真正的自己便逐漸消逝不見。

重新打開奇蹟開關，你就不再平庸。你會成為少數相信魔法的人，相信魔法真的是滿怪的，對吧？

僅僅一本書塞不進你人生可能出現的所有謊言。但如果要在這本書的內頁裡放一個謊言排行榜並大聲疾呼要你別相信它的話，絕對少不了這個總在你耳邊碎唸的謊：「別想搞怪啊。」得過且過地做個正常人，是招喚不出你生而注定要貢獻給這個世界的魔法的。只有在你願意迎接怪怪的自己時，那個你早該體會並要以此回饋他人的魔法才會出現。在我念中學的時候，只有擅長運動才會讓你很酷，變魔術則是一件滿怪的事。但我那剛剛被喚醒的奇想，讓我不管三七二十一地擁抱作為魔術師的自己，而我的奇想也感染了大家。在那之前，我原本一直都不是班上最受歡迎的人。但當你把自己從掌聲和認同的枷鎖中釋放出來後所嘗到的那自由，將是你在往後的人生中都會試圖去存續的滋味。

我很愛路易斯．卡羅的小說《愛麗絲夢遊仙境》，而我和我的孩子們又特別喜歡琳達．伍爾芙頓改寫、提姆．波頓執導的真人電影《魔境夢遊》。

在電影的第一幕中，愛麗絲正躺在床上。剛喜孜孜地從仙境回來的她，爬下床若有所思地偷看在門外正高談闊論開著會的爸爸。接著爸爸暫停會議，來到愛麗絲床邊安撫她，問：「又做惡夢了，是不是？」愛麗絲回答是，並問：「你覺得我是不是有什麼問題？」也就是在問：「我是不是有毛病？我是怪咖嘛？我瘋了嗎？」

我超愛接下來發生的事。

愛麗絲的爸爸突然表情變得非常嚴肅，停頓一下，說：「恐怕是喔，你超瘋，超有病，怪得要命。」然後他靠近愛麗絲，帶著一個神祕兮兮的溫暖微笑說：「但讓我告訴你一個祕密，所有超棒的人都是這樣的。」

愛麗絲長大以後常常去仙境裡造訪。後來在同一部電影裡，瘋狂帽客也問她同一個問題：「我瘋了嗎？」而愛麗絲也體現了父親賦予的奇想精神，她用雙手托住帽客的臉頰並給了他同樣的答案：「恐怕是喔，你完全是有病，但讓我告訴你一個祕密：所有超棒的人都是這樣的。」

我親愛的朋友，你完全是有病。當你過著正版的人生時你會覺得自己好怪，因為你是真的怪。而一個人是否能擁抱自己的怪並做最真實版本的自己，就看他是否有打開奇蹟開關。是時候別再討好別人了，而是學習做好自己。

和同年的孩子比起來，我兒子是滿怪的，而我竭盡所能地想幫助他擁抱自己的獨特。有的晚上在送他上床睡覺後，我會看著他說：「裘德，你真的超超超怪的。」他完全不覺得冒犯，反而會咯咯笑，因為接下來我會笑著回應說：「但你知道嗎？」然後他總是會接同一句話，像是一邊眨眼又點頭地說：「但所有超棒的人都是這樣的。」

別忘了三不五時跌入兔子洞，當你需要到屬於你的仙境裡漫遊的時候。只要閉上眼睛，你隨時可以抵達。然後你很快就會發現，你的怪，其實正是通往美好人生的祕密捷徑。

獨角獸的魔法

在藝術家的世界裡，畢卡索可能是最怪的那一個。你難道不覺得他的畫真的是「完全有病的人」才畫得出來的嗎？我覺得是。

畢卡索說我們得維持心中內在小孩的活躍。他曾說：「所有孩子畫起畫來都跟天才一樣，我們是做了什麼才讓他們迅速失去了這個能力？」我想，我們是為了不要讓他們被霸凌或是出糗，所以才會希望他們表現正常一點，唯恐他們成為班上最怪的那一個。畢卡索更有句名言：「所有孩子都是藝術家，問題只是要如何維持到他長大。」

想打開奇蹟開關，你得返老還童，用自己曾經用過的眼光來看世界。赤子之心成了我維繫奇想活躍最好的方法，它也陪著我走過這大起大落、瘋狂又可貴的寫好故事之旅，而我對魔法的信念始終完好如初。當我的奇想熄滅時，我的孩子們總會一再教我重新看見魔法。

在那難忘的七月四日、燒到自己臉的火之呼吸魔術發生的五年後，我在一家叫Dave&Buster's的餐廳外的停車場上，再度體會到了一個魔法般的時刻，而那深刻的程度足以讓我的奇蹟開關穩穩開著好一陣子。

那時裘德已經五歲了，他剛迷上了一個新東西：機臺電玩。因為某次度假時我們曾一起玩過一臺超酷的復古機臺，回到納什維爾後，他想再玩簡直快想破頭。而當時在納什維爾只有Dave&Buster's和Chuck E. Cheese兩家店有機臺電玩。我和裘德一樣熱愛打機臺，也總是去Dave&Buster's玩。

又因為週三晚上遊戲半價，後來整個冬天幾乎每個禮拜三都成了我們的男孩之夜。只要我不是在去演講或表演的路上，我們都會跑一趟去打電動。我們刷信用卡玩遊戲，贏到的彩票就直接存回同一張卡片裡。

一週又一週過去，我們會一起去打一下電動，贏一些彩票，然後選一個贈品回家。每一次裘德都是選一包糖果區的小熊軟糖當贈品。我們每次都會贏到上千張彩票，他都只花一百五十張。如此重複了幾個月，直到有一天，我想：「我好像應該帶我兒子出外走走，畢竟春天快到了，我們應該也打夠多機臺了。」

我和裘德解釋說這次會是我們近期最後一次來打電動了，所以最好把贏來的所有彩票都花掉，而同時他對我們累積了多少彩票完全沒概念。來到了店裡掃了卡片，我簡直不敢相信我的眼睛，竟然已經累積了十八萬張彩票。大概是因為每個禮拜都只選了一包小熊軟糖走，剩下的彩票積沙成塔。

我又再和裘德這五歲的孩子解釋，整間店每一個贈品都可以選。「每一個？」他問，「沒錯，任何一個都可以選。」

裘德開始在店裡逛來逛去，我則一邊指給他看有什麼選項。我帶他去看一整櫃的桌遊、遙控卡車與汽車，甚至帶他去看一個放滿電子產品的玻璃櫃，說，「裘德你看，你甚至可以選 iPad。」

他繼續逛來逛去，最後在整間店最高、最邊緣的架子前眼睛為之一亮，那是一整櫃大型絨毛玩具，許多甚至比他還大隻，你也許可以想像我們眼前的娃娃堆成什麼樣子。裘德慢慢逛到角落，在一隻有螢光粉紅鬃毛和金色角的白色毛茸茸超大獨角獸前停了下來，開口說話。

「爸，我們的彩票夠換這隻獨角獸嗎？」

呃，這時候我該說什麼？我是這麼說的：「夠喔，但你也可以要一臺iPad。」

裘德說，「那我想要這隻獨角獸。」

那一刻我僵住了，身為父親，我真的不知道該怎麼辦才好。也許是因為最近全家才剛看了小小兵的電影，我們還一起取笑那個愛上獨角獸的小女孩，但我還真的沒想到我兒子也會想要一隻。我停頓了一下，接著說：「好，如果你真的很想要的話。不過你真的也可以選任何其他的東西。」

我們離開店裡，走向車子準備要回家，裘德簡直樂不可支。相較之下，我則不然，並不是生氣，而是困惑不已，我問：「兒子啊，得到想要的獨角獸，開不開心？」

他抬起頭眉開眼笑地對我說：「是啊，西西一定會愛死她的獨角獸了。」

那一瞬間，我深吸一口氣，像是在重新安裝我整個人的作業系統。在那一刻，裘德並沒有拿出一副鋪克牌說：「爸，選一張！」我也不是在看一場魔術表演，沒有什麼誤導人的花招。呈現在眼前的是真實魔法的黃金噴泉，讓我因為體驗到奇想所幻化出的魔法而熱淚盈眶並感覺醍醐灌頂。

真實的魔法就是辦得到這種事。

我兒子用一個小孩子認為對的方式來愛他的妹妹，他的心裡只有滿盈，沒有缺乏，徜徉在其中的他不需要奪走別人的喜悅，因為自己的都要溢出來了。奇想大開的他讓魔法活靈活現，而做著自己的他更提醒了我自己是什麼樣的人，又能成為什麼。

你就是奇蹟

你不一定要有小孩才能擁有魔法般的人生，世界上到處都是小孩子，他們不必是你的，也能教你很多關於奇想的事。對一個孩子來說，魔法不只存在於迪士尼樂園裡，不只存在於山頂的夕陽中或人生巔峰的時刻裡。奇想在他人以為的平凡之中看見不凡，隨處都能看見魔法。

讓我們回到一開始，回到你小時候，也回到這本書的開頭，再次問自己這個問題：

你想追求的是什麼？

如果有智慧就可以獲得幾乎所有你想要的一切，就算智慧可能會在半路上改變你的追求。而智慧始於奇想，喚醒奇想就能打開人生故事的下一個篇章。沒有奇想無法顛覆的事物，而今天就是你照表操課的最後一天。

在你抵達生命的終點時，我相信那句老話說的是真的：人生的價值不在長短，而是在於過得精不精彩。這就是魔法的體現。而魔法就在你身邊，甚至就在你心中，不必等到生命最後那一刻才去體會。奇想讓你能在尚未預見全貌前先相信，奇想會讓你看見魔法。

讓我們回到鏡子前面，你看見了什麼？有看見任何令你驚奇不已、嘆為觀止的事物嗎？也許現在還看不太清楚，不過你放心，之後就會的。

我們讚嘆星空卻看不見鏡子裡的魔法。不過據說事情是這樣的：造物者創造了星星，覺得星星「很不錯」，然後再創造了你，並覺得你「非常不錯」。你覺得自己的心比星星多出多少魔法？無論你有什麼樣的價值觀，答案都是一樣的：多出很多、很多、很多。

我不知道你的人生劇場現在演到哪了，但我希望奇想能顛覆那些你告訴自己的離譜劇情，然後賞自己一趟通往仙境的旅程。無論那是直達星星的宇宙旅行，或是環遊世界的大洋航程。無論奇想帶你前往何方，我希望你最後至少是安身於那個你注定該享有的魔法般人生。

生命本身就是奇蹟，這聽起來很老套，像是LINE裡轉傳的長輩圖會寫的。但有沒有可能真的是這樣？根據科學家的估計，現在這個你出生的機率大概是四兆分之一。在《哈芬登郵報》上有一篇有趣的文章，阿里·貝納札爾博士為了要挑戰那個數字而列出了以下種種可能：首先，你父母相遇的機率有多少？兩萬分之一。如果他們相遇了，你媽懷孕的機率又有多少？兩千分之一。在受精過程中，對的精子遇到對的卵子的機率有多少？四百億分之一。而這些都還沒有把你祖父母、曾祖父母等等祖宗十八代出生的機率加乘進去。

如此一來就會發現，聽起來科學家所謂四兆分之一的機率是滿保守的估計。

貝納札爾博士更說：「奇蹟的定義是一件事發生的機率低到幾乎不可能，依此看來，我證明了你就是個奇蹟。」

那些我在世界各地的舞臺上所表演的、通常被稱作為魔術的把戲，只是一些精巧的幻術罷了。不過，魔術不是真的並不代表魔法不是真的，此刻將是你邁向魔法般的人生、創造性人生的起點。在抵達之前，我們得先一起遁入黑暗之中，而希望這一路上所學到的東西都能幫你在黑暗中找路，也希望這趟旅程會讓你成為更好的自己。

你已經知道我大部分的祕密，所以我想現在你我都是魔術師了。請謹慎使用你的超能力，這不只會改變你的人生，還可能會改變這個世界。

Eurasian Publishing Group
圓神出版事業機構
用心與你對話・視野無限寬廣

www.booklife.com.tw

reader@mail.eurasian.com.tw

心理 068

奇蹟開關：改寫生命，掙脫束縛，讓想像力、創造力源源不絕

作　　者／哈里斯三世（Harris III）
譯　　者／蔡孟璇
發 行 人／簡志忠
出 版 者／究竟出版社股份有限公司
地　　址／臺北市南京東路四段50號6樓之1
電　　話／（02）2579-6600・2579-8800・2570-3939
傳　　真／（02）2579-0338・2577-3220・2570-3636
總 編 輯／陳秋月
副總編輯／賴良珠
責任編輯／劉珈盈
校　　對／林雅萩・賴良珠
美術編輯／蔡惠如
行銷企畫／陳禹伶・鄭曉薇
印務統籌／劉鳳剛・高榮祥
監　　印／高榮祥
排　　版／陳采淇
經 銷 商／叩應股份有限公司
郵撥帳號／18707239
法律顧問／圓神出版事業機構法律顧問　蕭雄淋律師
印　　刷／祥峰印刷廠
2021年10月　初版

The Wonder Switch by Robert C. Harris III
Published by arrangement with The Solomon Group,Inc. through Andrew Numberg Associates International Ltd.

定價 330 元　　ISBN 978-986-137-341-6

遺忘是經典化的里程碑，所以說最好要學會遺忘。
若想快點在個人的腦中建立經典、不變的思想，
遺忘也可說是最重要的方式。

——外山滋比古，《思考整理學》

國家圖書館出版品預行編目資料

奇蹟開關：改寫生命，掙脫束縛，讓想像力、創造力源源不絕／哈里斯三世（Harris III）著；蔡孟璇 譯.
-- 初版. -- 臺北市：究竟出版社股份有限公司，2021.10
256 面；14.8×20.78 公分. --（心理；68）
譯自：The wonder switch.
ISBN 978-986-137-341-6（平裝）
1.自我實現 2.生命哲學
177.2　　110013822